O Guardião da Meia-Noite

Por Honra e Glória do Criador de tudo e de todos

O Guardião da Meia-Noite

Por Honra e Glória do Criador de tudo e de todos

MADRAS

© 2025, Madras Editora Ltda.

Editor:
Wagner Veneziani Costa (*in memoriam*)

Produção e Capa:
Equipe Técnica Madras

Copidesque e digitação:
Eliane Garcia

Revisão:
Matheus Rodrigues de Camargo
Arlete Genari

Dados Internacionais de Catalogação na Publicação
(CIP)(Câmara Brasileira do Livro, SP, Brasil)

Aruanda, Pai Benedito de (Espírito).
O guardião da meia-noite/inspirado por Pai Benedito de Aruanda: [psicografado por]
Rubens Saraceni. – 32. ed. – São Paulo: Madras, 2025.
ISBN 978-85-370-0230-8

1. Ficção umbandista 2. Obras psicografadas
I. Saraceni, Rubens. II. Título.

07-3543 CDD-133.93

Índices para catálogo sistemático:
1. Umbanda: Mensagens mediúnicas psicografadas: Espiritismo 133.93

É proibida a reprodução total ou parcial desta obra, de qualquer forma ou por qualquer meio eletrônico, mecânico, inclusive por meio de processos xerográficos, incluindo ainda o uso da internet, sem a permissão expressa da Madras Editora, na pessoa de seu editor (Lei nº 9.610, de 19/2/1998).

Todos os direitos desta edição reservados pela

MADRAS EDITORA LTDA.
Rua Paulo Gonçalves, 88 – Santana
CEP: 02403-020 – São Paulo/SP
Tel.: (11) 2281-5555 — (11) 98128-7754
www.madras.com.br

Dedico este livro ao autor desconhecido Benedito de Aruanda, que nos traz histórias sobre o homem e sua natureza dual que, num momento, o eleva ao sétimo céu e, no outro, o lança no abismo mental, no qual irá habitar o mais profundo dos infernos, que é o inferno pessoal.

Dedico-o, também, àqueles que um dia caíram por deixar-se envolver nas trevas da ignorância, mas que tiveram a suprema coragem de se levantar, pagar o preço por terem desafiado a Lei e depois reiniciar sua longa jornada rumo à Luz.

Em homenagem ao ancestral místico da Luz da Lei.

Por Honra e Glória do Criador de tudo e de todos.

ÍNDICE

Prefácio 9

Apresentação 11

Uma Palavra do Autor 13

Um Erro Gera Outros Erros 15

A Busca 29

O Encontro 39

Volta a Portugal 53

A Tragédia Continua 67

Assembléia Sinistra 79

Contato com Seres de Luz 97

Conhecendo Outros Guardiões 119

A Grande Traição 135

Castigo aos Traidores 153

Conhecendo a Lei 165

O Perdão 173
A Opção 179
A Grande Vitória 187

PREFÁCIO

A literatura psicografada já deixou de ser encarada com certo humor e arrogância literária, atitude oriunda do preconceito e da ignorância. Seja qual for a interpretação que se lhe dê, mística ou científica, não se pode negar a autenticidade de tal fenômeno.

Se é um espírito que baixa e se manifesta para ditar sua mensagem, ou se é o inconsciente do receptor que se sintoniza com um registro cósmico e reconstitui alguma mensagem, parece-nos uma discussão tão estéril quanto aquela dos teólogos bizantinos sobre o sexo dos anjos, enquanto os turcos forçavam as portas em Constantinopla.

O que importa é reconhecer que o fenômeno existe e que muitas informações desconhecidas são trazidas à tona por intermédio de um veículo que, conscientemente, jamais poderia fazê-lo. É um fenômeno diferente do da inspiração, pelo qual o receptor precisa ter cultura e técnicas adquiridas com o tempo para manifestá-lo.

A história que Rubens Saraceni nos traz é fascinante pelo enredo e pelas considerações filosóficas que são transmitidas pelo personagem central e por alguns de seus pares no mundo espiritual.

Para quem conhece a filosofia oriental e esotérica, é surpreendente a exatidão com que tais conceitos são apresentados: "Luz e trevas são os dois lados do Criador"; "A maior pirâmide não prescinde da menor de suas pedras"; "O maior rico é aquele que valoriza o menor dos seus bens".

Sobre os mecanismos do carma: "Não sobra uma única peça fora do tabuleiro"; "O destino puxa seus fios, e nós somos guiados para onde ele quer".

A visão de totalidade e unidade é magnificamente expressa: "Há tantas coisas e, no fim, são apenas partes do Um". A história demonstra a existência da "corrente que nos une uns aos outros e todos ao divino Criador". Também é explicado que inferno e umbral não são lugares, mas estados de espírito, e que tudo o que lá aparece é fruto dos conceitos que a pessoa tinha quando na carne.

O Guardião da Meia-Noite não é apenas uma narrativa de enredo bem tecido, mas um esclarecimento para aqueles que desobedecem à Lei e que têm de pagar por seus erros. Todos têm uma missão a cumprir, uns da Luz e outros das Trevas, e ninguém escapa à lei de causa e efeito. Cometer um erro é desencadear uma série de outros erros, num caminho cujo retorno será remoto e doloroso.

Trata-se de um livro de ensinamentos éticos, envolvendo os tabus da morte e do pecado, vistos sob uma nova ótica. Nova porque somente agora está sendo quebrada a resistência da ciência oficial, mas que é, na realidade, muito antiga, anterior aos dogmas que insistem em explicar tudo pela razão extraída nos laboratórios.

Jonas Negalha

APRESENTAÇÃO

Todos nós somos livres para explorar nosso sistema de crenças, buscando o atuar efetivo na realidade que construímos agora. Nossos sentimentos servem a vários propósitos e são capazes de manter e focalizar, simultaneamente, muitas versões diferentes de nós mesmos.

Às vezes, o momento nos aprisiona, desqualificando qualquer possibilidade de novas experiências para a evolução. A couraça do medo restringe o movimento da dança da vida, pois "Luz e Trevas são os dois lados do Criador".

Tudo que sentimos, quando aceito, é movimento. Se negado, cria forças na escuridão.

Convido você a se deixar encantar pela fiel tradução das catástrofes terrestres e celestes que levam o homem ao reconhecimento e à energia do amor.

Creio que, para nós, viajantes cósmicos, esta história nos brinda com um dos mais fascinantes aprendizados com que podemos nos defrontar: o experienciar a temporalidade.

Deixar-nos amadurecer na verdadeira consciência do momento oportuno nos ilumina. Quando perdemos o ritmo e ficamos em compasso de espera, a ilusão absorve a realidade e deixamos de ser nós mesmos.

Escolha a si mesmo em nome do amor e, na simplicidade de certas palavras, recrie a verdade das possibilidades infinitas de evolução existentes nos quatro elementos que a vida nos oferece. Afinal, quando a base da pirâmide é firme, nossas raízes nos levarão de volta às estrelas.

Ao místico e cientista Rubens Saraceni,

Muito obrigada!

Mônica N. Gouvêia

UMA PALAVRA DO AUTOR

Quando comecei a receber a inspiração para escrever este livro, preparei-me mentalmente, pois Pai Benedito havia me dito: "Vou historiar uma experiência fascinante de um velho amigo seu, que pagou o preço do desafio às leis eternas do amor e da compreensão".

Ninguém fica impune quando desafia a Lei e, em consequência, enquanto não purgar todo o vício que o conduziu na afronta a Ela, não receberá outra coisa senão o tormento da fúria divina, que o perseguirá por quanto tempo for necessário, até que desperte do pesadelo em que está adormecido o seu ser imortal.

É uma experiência que está sendo vivida neste instante por milhões de espíritos que não souberam controlar seus instintos mais viciados e se deixaram levar pelas falsas aparências das situações que, se vistas com amor e respeito pelos semelhantes, os levariam ao sétimo céu.

Mas como não foi assim que aconteceu com o Barão, contemos a fascinante história do Guardião da Meia-Noite. Fascinante porque nos revela, de modo humano, o estranho desenrolar da vida desse personagem que tinha tudo para ter uma vida tranquila, mas que, infelizmente, pela forma como agiu, provocou o seu próprio tormento, mesmo depois de morto seu corpo carnal. O Guardião da Meia-Noite é o personagem real que mais coragem teve em nos contar sua terrível história. Hoje ele é um dos melhores servidores da Luz e da Lei.

Como todos os romances, contos místicos e histórias do Pai Benedito de Aruanda têm por finalidade ensinar-nos algo, espero que esta narrativa possa trazer um pouco de esclarecimento sobre as coisas divinas que se encontram espalhadas pelos personagens, todas humanas e em constante evolução, e que povoam o desencadeamento dramático da história do Guardião da Meia-Noite.

Rubens Saraceni

UM ERRO GERA OUTROS ERROS

Estava sentado meditando sobre minha vida, quando um ente espiritual se aproximou e me saudou:

– Salve, Taluiá!

– Salve, amigo! Como vai?

– Hoje estou ótimo.

– Fico feliz em ouvir isso. Mas por que tanta alegria, se era tão calado?

– Houve uma grande mudança em meu modo de ser.

– Como assim? Mesmo após a morte, quando resta apenas a alma, ainda há mudanças?

– Sim! Gostaria de ouvir a minha história?

– Claro, nada tenho a fazer no momento. Talvez sua história me ajude em algo. Conte-a. Estou ouvindo.

– Bem, você já me conhece há muito tempo, certo?

– Sim, são muitos anos de esforço conjunto dentro da Lei.

– Pois fique sabendo que já fui um grande fora da Lei.

– Como foi isso, meu amigo?

– Tudo começou há duzentos e trinta anos. Eu era um barão, um homem rico e poderoso. Tinha muitas terras, escravos, plantações e muitas parelhas de animais. Vivia do transporte da produção de alimentos, do Planalto até o Porto de Santos.

– Como isso era feito?

– Por meio de carroções com rodas de madeira, puxados por parelhas de bois ou de burros. Cavalos não eram bons para esse serviço.

– Entendo. Continue, não quero atrapalhar sua história.

– Bem, eu era o maior transportador da região; por isso, era muito bajulado por todos – prosseguiu ele na sua explanação. – Se não gostasse de alguém, seus produtos se perdiam, pois não chegavam até o porto para posterior exportação. Por isso, todos procuravam ser meus amigos. Eu sabia do poder que possuía e me aproveitava disso. Sempre que podia, procurava tirar vantagem da minha posição.

Acabei recebendo o título de barão, pois tinha alguma influência na corte de Portugal. Quando ganhei meu título de nobreza, fiz uma grande festa para todos os meus amigos. Estava exultante com minha nova posição. Os anos foram passando, e eu comecei a pensar: "Riquezas já possuo, e muitas terras também. O que mais pode interessar?".

– Sim, o que mais?

– Uma mulher, meu amigo.

– Você não era casado?

– Não. Estava com 40 anos e nunca tinha pensado em me casar.

– Mas até essa idade nunca tinha pensado em mulheres?

– Não é bem assim. Eu tinha muitas escravas e também mulheres brancas que vinham de Portugal. Conhecia, e muito bem, o prazer da boa companhia feminina.

– Então...

– Sim, achei que devia escolher uma para ser minha esposa.

– Acho isso muito bom!

– Errado, amigo Taluiá. Foi aí que cometi o grande erro de minha vida.

– Só porque pensou em se casar?

– Sim. Assim que resolvi, comentei com um amigo íntimo a minha intenção. Disse-lhe que iria escolher uma moça bonita e preparada para ser minha esposa. Em pouco tempo, toda a colônia estava sabendo.

Amigo íntimo é bom por isso – filosofou ele –, você lhe conta um segredo e logo todos o sabem. Só você não sabe que seu segredo já não é segredo, pois ele corre como um serelepe.

– Isso é verdade – concordei. – Segredo só é segredo quando apenas um o conhece. Se dois o souberem, não é mais. Vira notícia.

– Vejo que você já revelou algum segredo seu e teve o desgosto de vê-lo virar notícia, não?

– Sim, mas aprendi a lição. Hoje só revelo segredos que desejo que se tornem públicos.

– Faz bem em agir assim, pois foi por causa de um segredo que arruinei minha vida.

– Você perdeu a fortuna?

– Não, não! É que meu "amigo" começou a espalhar que eu procurava uma esposa – continuou ele – e logo, sem que eu soubesse o porquê, comecei a receber convites para almoços, jantares e festas. Não tinha mais tempo de ficar em minha casa. E as jovens se insinuavam para mim como rameiras a se oferecer para quem pagasse melhor. Como eu não suspeitava de nada e era muito rico, achei que era pelo meu título que se insinuavam. Descobri, então, uma forma para me aproveitar disso. Pouco a pouco, comecei a ser íntimo de muitas delas.

– Muito íntimo?

– Sim, muito íntimo.

– Hã, já entendi. Um conquistador de corações apaixonados, certo?

– Errado! Corações interessados em minha fortuna e título de nobreza, conseguido após eu pagar uma elevada soma a alguém.

– Compreendo.

– Pois bem. Algumas eram realmente belas, meu amigo. E como eram fogosas as raparigas! Para mim, não havia outra vida melhor. Consegui provar o gosto de quase todas. Não sabia qual a mais saborosa, mas o que importava esse detalhe? Eu era um nobre rico e poderoso, e elas, ovelhas indefesas para as presas de um lobo como eu. Mas, com o tempo, comecei a cansar-me daquela situação. Achava que as mulheres eram todas muito fáceis de seduzir. Com isso, resolvi não mais me casar. Já pensou o que poderia acontecer numa de minhas viagens de negócios, deixando minha esposa só por muito tempo?

– E o que fez, então? – perguntei, curioso.

– Resolvi fazer uma viagem a Portugal. Arranjaria lá uma esposa. Teria de ser bem jovem para eu poder educá-la a meu modo – esclareceu ele. – Quando lá cheguei, comecei minha busca. Encontrei, então, uma jovem muito bonita, um encanto de beleza feminina, e ainda muito jovem. Tinha catorze para quinze anos. Com o auxílio de amigos influentes, fui apresentado ao pai dela e, com toda a minha fortuna, não foi difícil arrumar o casamento.

– Quem era ela?

– Filha de um ministro do rei, um visconde.

– Como se chamavam?

– Isso não posso dizer, mas o nome dela aparece nos livros de História de Portugal.

– Entendo. Continue, meu amigo.

– Bem, depois de tudo acertado, casamos com grande pompa. Não poupei dinheiro. Era vaidoso também. Até o rei estava presente em nosso casamento. Após a festa de núpcias, tentei um primeiro contato com ela, mas devido à sua idade, não foi possível, pois era muito tímida. Eu não queria magoá-la e decidi que iria conquistá-la aos poucos.

– Louvável sua atitude.

– Certo. Resolvi voltar ao Brasil; teria muito tempo durante a viagem. Dois dias após o casamento, voltei. Ela veio chorando o tempo todo por causa da separação da família. Eu procurava uma forma de conseguir torná-la uma mulher feita, mas não havia jeito. As lágrimas lhe caíam todas as vezes que eu a tocava. Logo desembarcamos em Santos.

Quando chegamos à minha casa, a mais bela do Porto, ela acalmou-se um pouco. Durante a noite, forcei um pouco e consegui meu intento. Mas, qual não foi minha surpresa ao ver que ela não era virgem!

– Como soube disso?

– Simples. Não manchou o lençol branco.

– Só por isso?

– Sim. Se todas aquelas que eu havia possuído sangravam, por que não ela?

– Tudo bem, não precisa se exaltar. Foi só uma pergunta. E o que você fez? Expulsou-a de casa ou devolveu-a ao pai?

– Nem uma coisa nem outra. Achei que, se fizesse algo assim, o pai dela iria ofender-se e eu poderia complicar-me na corte de Portugal. Afinal, sua família era das mais influentes da metrópole.

– E o que fez então?

– Conversei com ela, que disse que era virgem antes de casar. Jurou-me por Deus, mas eu não acreditei.

Que estúpido eu havia sido! Fui tão longe para achar uma jovem em quem pudesse confiar, e acabei trazendo uma que já conhecia o prazer. E o pior é que não podia devolvê-la sem ser humilhado. Além disso, iria provocar a ira da família dela. Que situação, hein? Não teria sido um castigo por ter me aproveitado de tantas jovens que pensavam em tornar-se baronesas?

Foi o que me ocorreu na época: eu havia sido castigado por meus poucos escrúpulos.

– Então resolveu calar-se e usufruir da beleza de sua esposa, não?

– Errado amigo. Usufruí de sua beleza, porém comecei a arquitetar um plano para vingar-me da traição. Já que não podia falar nada, iria livrar-me dela.

– Mas ela não era bonita?

– Sim.

– E não era uma boa esposa?

– Sim. Era uma ótima esposa, muito dedicada e caprichosa com nossa casa.

– Então, por que fez isso?

– Sentia-me humilhado. Arquitetei um plano infalível: todos os dias ela ia dormir às oito horas em ponto. Não falhava um dia. Era um hábito antigo; conversei com um escravo e ele assustou-se com o que lhe propus.

– E o que você lhe propôs?

– Falei-lhe que eu queria que ela tivesse um filho, mas, como eu não podia dar um a ela, ele seria o macho, tal como fazia com as negras da senzala. Disse-lhe também que, depois disso, ele seria libertado.

– E ele aceitou?

– Sim. Quem, na situação dele, não aceitaria? Ainda mais sendo o amo quem mandava! Exigi que ficasse deitado nu ao lado dela, até que ela acordasse. Deveria ficar em silêncio ao seu lado e, quando ela acordasse, aí sim a possuiria. Disse-lhe também que, no escuro, ela não perceberia nada a princípio e que, quando acontecesse, já seria tarde. Ele concordou.

À noite, por volta das seis horas, saí de casa. O escravo estava instruído para entrar no quarto às nove horas. Deixei com ele meu relógio, para que soubesse a hora certa. Fui até a cantina ao encontro de alguns amigos. Ficamos a conversar. Por volta das nove horas, convidei-os à minha casa para bebermos um vinho especial, vindo de Portugal.

Quando chegamos, pedi um pouco de silêncio, pois não queria acordar minha esposa, caso ela estivesse dormindo. Entramos cuidadosamente, e eu falei:

– Esperem um instante, que vou ver se ela já está dormindo.

Eles concordaram e entrei na casa, que era grande, e fui até nosso quarto. Assim que entrei, dei um grito de espanto e ira:

– Vagabunda! Enquanto estou com meus amigos, você me trai com um escravo?.

Todos correram até a porta do quarto. O negro pulou nu da cama e encolheu-se num canto, assustado e sem compreender o que havia acontecido de errado naquilo que tínhamos combinado. Minha esposa também estava assustada. Assim que gritei, ela acordou e me olhou espantada. A cara de sono dela ajudou muito meu plano.

Um de meus amigos sacou uma pistola e atirou no negro quando corria para a janela, tentando fugir, tal o medo que sentia. O tiro foi certeiro. Varou-lhe as costas na altura do coração e ele caiu de bruços, no parapeito da janela.

Não era isso que eu tinha planejado, não a morte do escravo. Eu só queria desmoralizá-la, mas já que ele estava morto, continuei com o plano. Fui até ela e esbofeteei-a várias vezes. Começou a sangrar, com os lábios feridos. Chamei os amigos para a sala e pedi que saíssem, pois eu estava muito abalado.

– Nós vamos, mas caso o senhor precise de nosso testemunho, estamos às suas ordens.

Agradeci e pedi que tirassem o corpo do negro do meu quarto; eles disseram que o enterrariam longe da casa e depois falariam ao capitão da guarda sobre o ocorrido. Em seguida, perguntaram o que eu faria com minha esposa, e se pretendia matá-la.

– Não, isso não – respondi. – Vou expulsá-la desta casa hoje mesmo. O vigário precisa saber disso, pois vou anular nosso casamento. Uma afronta dessas deveria ser lavada com sangue!

– Não faça isso – disseram. – O melhor é mandá-la de volta a Portugal. Eles que a acolham de volta. Imagine, uma mulher branca e de família nobre, deitar-se com um escravo!...

Ainda conversamos mais um pouco, e depois eles saíram, com o corpo do negro. Minha esposa estava aos prantos, encolhida na cama, beirando a histeria. Eu ainda a ofendi mais um pouco. No dia seguinte, ela iria abandonar aquela casa. Poderia ficar aquela noite para não se expor ao relento.

– O que ela disse? Ou não reagiu?

– Jurou que não sabia o porquê de tudo aquilo e que não sabia da presença do negro em nossa casa. Jurou, também, que ele não havia tocado nela, pois até a minha entrada no quarto ela estava dormindo. Eu não lhe dava ouvidos. Ela chegou a me mostrar que estava com todas as roupas íntimas, mas não lhe dei chance alguma, pois fora eu quem arquitetara o plano. Nisso, bateram à porta. Um amigo trazia o capitão e o vigário à minha casa. Assim que abri a porta, ele me perguntou:

– Você não fez nada com ela, não?

– Já me decidi – respondi –, não vou sujar minhas mãos com sangue de uma vadia. Vou sair esta noite e amanhã ela deixará esta casa. Não fica aqui nem mais um dia!

O vigário entrou no quarto e, pouco depois, voltou dizendo que ela jurava por Deus que era inocente.

– Então, nós não vimos nada? Foi tudo ilusão, não, padre? Será que está do lado dela?

– Não ponha palavras em meus lábios. Apenas estou repetindo o que ela me falou, Barão.

– Vamos, meu amigo, diga ao vigário como estava o negro quando nós o vimos.

– Sim, vigário, é verdade. Ele estava nu, na cama. Suas roupas ainda estão lá, se o Barão não as jogou fora.

– Não toquei em nada. Vamos ver se ainda estão lá ou se ela as escondeu também.

De fato, as roupas do negro estavam ao lado da cama.

– Vê isto, vigário? Acha que cinco pessoas que viram a mesma coisa iriam se enganar?

– Não foi isso que quis dizer. Talvez o negro tivesse entrado naquele momento.

– Quer que eu acredite nisso também?

– Sempre há a dúvida.

– Neste caso, não. Eu sempre ia à cantina com meus amigos e voltava tarde. Quantas vezes não terá me traído?

Eu me mostrava enfurecido.

– Vou levá-la à paróquia por esta noite. Amanhã decidiremos o que fazer.

– Para mim está decidido: ela volta para a sua família em Portugal! Aqui, nesta casa, não entra mais! Vou sair um pouco. Quando voltar, não quero vê-la mais aqui – falei, olhando para ela com ódio.

Saí com meus amigos. Já era madrugada quando voltei e ela já não estava mais em casa. Tinha levado somente algumas peças de roupa e nada mais. Nem as joias levou. Tomei um copo de aguardente e recostei-me numa cadeira de balanço, na varanda. "Consegui me vingar", pensei, "agora ela vai ser o que sempre foi: uma rameira".

Acabei adormecendo, depois de um segundo copo de aguardente. Fui acordado de manhã, pelo vigário:

– Ela fugiu, Barão! Não sei como, mas ela não estava mais na paróquia hoje cedo.

– Não sabem para onde ela foi?

– Não temos a menor ideia. Acho que ela ficou muito envergonhada por ter sido flagrada com o negro, na cama.

– Isso prova o que afirmei ontem à noite.

– Onde será que ela se escondeu? O senhor tem alguma ideia?

– Não, e também não irei procurá-la.

– Vou ver se a encontro por aí. Não podemos deixá-la jogada num canto qualquer. Poderá cometer alguma loucura, pois ainda é uma criança.

– Para me trair não era uma criança, vigário. Acho que é mais esperta que nós dois juntos.

– Não diga isso, Barão. Ela cometeu apenas um deslize.

– Um deslize que me desonrou!

– Bem, isso é verdade. Todos estão comentando sobre o fato. Acho que o senhor será motivo de piadas maldosas por algum tempo. Até mais tarde, Barão.

Depois que o vigário foi embora, fiquei pensando no que ele falou: eu não tinha pensado nisso, mas agora era tarde. Teria de me fazer de surdo às risadas dos amigos. Já aparecera a primeira falha em meu plano quando o negro foi morto. Agora, a segunda. Precisava estar preparado para quando a família dela soubesse do caso. Mais tarde, o vigário voltou à minha casa.

– Não a encontramos em lugar algum. Ela desapareceu de vez. Procuramos por todas as estradas, mas ninguém a viu.

– Estranho. Onde terá ela se enfiado? Será que está escondida em alguma casa?

– Não. Nós procuramos nas casas também, mas ninguém a ocultou.

– Logo ela aparecerá, caso não a tenham ocultado. A fome e a falta de conforto farão com que volte para a cidade.

– Assim espero, Barão. Gostaria que nada disso tivesse acontecido, pois ela ainda é muito criança. Não sobreviverá nas selvas, e isso me deixa muito triste.

Comecei a pensar nisso como mais uma falha. Não tinha pensado nessa possibilidade. E se ela se suicidasse?

– Vou chamar os empregados para que vasculhem tudo. Haverão de encontrá-la, esteja onde estiver.

E todos foram procurá-la. A busca se estendeu até o planalto, e nada. Ninguém a tinha visto. Fiquei triste. De certa forma, eu é quem a havia impelido a isso. A culpa era toda minha. Passaram-se dois meses e nem sinal dela.

Foi nesse tempo que seu pai chegou a Santos. Alguém fora a Portugal e lhe contara sobre o ocorrido. Ele veio direto à minha casa e eu o recebi meio bêbado. Havia adquirido o hábito de beber muita aguardente para aliviar minha consciência. Afinal, ela era de fato uma criança ainda. Poderia ter cometido algum deslize, mas sem maiores consequências. Falei pouco com o pai dela:

– Conte-me o que houve com minha filha, senhor Barão.

– Vou falar-lhe, senhor Ministro, mas não muito, pois não quero expor minha dor.

– Vim aqui para ouvir a verdade, não sua dor, pois a minha também é muito grande.

Olhei para aquele homem. Tinha um ar nobre e leal, e quase lhe contei a verdade. Devia tê-lo feito, pois teria evitado um problema muito grande no futuro, mas não tive coragem suficiente, e contei-lhe a minha versão.

Quando terminei, vi um homem digno conter seu pranto. Nos olhos dele, cheios de lágrimas, vi o tamanho de sua dor.

– Como pode uma coisa dessas acontecer na vida de uma pessoa como minha filha? Jamais passaria pela minha cabeça que ela fosse mudar tanto, em tão pouco tempo. Não uma menina como ela, que sonhava em entrar para um convento desde que era uma criancinha. Como pode ter mudado em tão pouco tempo?

– Não sei dizer, pois aqui tinha tanto conforto como quando estava em sua casa, senhor.

– Não duvido, pois estou vendo o luxo de sua residência.

– Talvez uma separação tão brusca tenha alterado toda a sua formação.

– Isso nunca. A formação dela foi ministrada desde o berço e não mudaria somente por causa da separação.

– Quem sabe ela não gostava de mim e procurou vingar-se, traindo-me com um negro?

– Isso é possível, desde que o senhor a tratasse mal.

– Nunca a tratei mal. Gostava muito dela.

– Então, é um mistério que só terá uma boa explicação quando a encontrarmos.

– Já a procuramos por todos os lugares possíveis, mas ninguém a viu.

– O senhor não teria nada a ver com o seu desaparecimento, não, senhor Barão?

– Deus me livre! Não teria coragem de tirar-lhe a vida por nada deste mundo.

– Assim espero, senhor Barão. Até logo.

– O senhor não que ficar hospedado em minha casa?

– Não. Depois do que houve, não tenho condições de aceitar seu convite. Obrigado.

– Caso mude de ideia, minha casa está às suas ordens.

E ele foi embora. Ia cabisbaixo. "Mil ideias deviam estar passando pela sua cabeça", pensei. O fato é que não o vi mais. Alguns dias depois voltou a Portugal, sem notícias da filha.

A BUSCA

Naqueles dias, minha consciência acusava-me intensamente. Os empregados haviam suspendido as buscas. Não encontraram o menor vestígio.

Eu me recolhi de vez. Nada saíra como eu havia planejado. O tempo foi passando e eu fui me isolando cada vez mais.

Os amigos se afastaram, pois eu não era mais a boa companhia de outrora. Resolvi mudar-me para o Planalto. Lá não seria melhor do que aqui, mas, ao menos, poderia ficar isolado sem que ninguém reparasse. Assim que cheguei ao Planalto, um explorador dos interiores me procurou.

– Senhor Barão, eu soube que uma tribo do interior tem diversas mulheres brancas prisioneiras. Caso queira, podemos ir até lá para ver se encontramos sua esposa.

– Por que eles aprisionam mulheres brancas?

– Vingança, senhor Barão. Há muito tempo atrás, a aldeia deles foi saqueada por caçadores de escravos. Aprisionaram muitas índias. Hoje eles se vingam levando nossas mulheres como escravas.

– Entendo, mas como iriam chegar até Santos e raptar minha esposa?

– Talvez tenham ido atrás dos irmãos prisioneiros.

– Poderia organizar um grupo de homens para tal empreitada?

– Se o senhor custear as despesas, isso será fácil.

– Custearei. Providencie o mais rápido possível, sim?

– Está bem, senhor Barão. Em 15 dias partiremos.

E o homem providenciou uma grande expedição.

Partimos num dia ensolarado, mas, dois dias depois, começou a chover e a viagem se tornou uma odisséia. Eram muitas as dificuldades. Os rios transbordaram e a navegação foi interrompida na espera de que as águas baixassem. Perdemos muitos dias até que se tornassem navegáveis. Logo que isso aconteceu, retomamos a viagem.

Quinze dias após a partida, fomos atacados por uma tribo hostil. Estávamos bem armados, o que nos ajudou muito. Após dois dias de lutas esporádicas, pudemos seguir viagem, não sem antes termos de enterrar três dos nossos homens. Índios, havia muitos, mas não os enterramos. Que os seus viessem fazer tal serviço.

Quando nos aproximamos da aldeia, escondemos nossos barcos e seguimos o resto do caminho através da mata, para não sermos vistos. Revisamos nossas armas de fogo, espadas e punhais. Caso houvesse luta, estaríamos preparados.

Ao chegar numa clareira, avistamos a aldeia. Um homem foi destacado para observar qual seria a melhor maneira de nos aproximarmos. Voltou algumas horas depois.

– É melhor entrarmos na aldeia bem cedo, assim que o sol nascer. Nessa hora, a maioria estará dormindo e será muito mais fácil dominá-los.

Assim ficou decidido. Alimentamo-nos sem fazer fogueira, para não sermos vistos. Foi uma longa noite. Até hoje me lembro bem. Ao amanhecer, levamos só o essencial e logo estávamos na aldeia.

Procuramos não fazer alarde à nossa entrada. Capturamos o chefe e o obrigamos a chamar os outros guerreiros, que cercamos num círculo, enquanto alguns homens colocavam as mulheres em outro.

Quando já tínhamos chegado, comecei a procurar minha esposa. Havia diversas mulheres brancas, mas ela não estava ali. Foi uma decepção para mim.

Perguntei às mulheres se a tinham visto, mas foi tudo inútil. Ninguém vira mulher alguma parecida com ela.

O explorador conversou com o cacique e conseguiu informações sobre uma mulher parecida, que estava em outra aldeia mais além.

Levamos as mulheres conosco e fomos à procura da tal aldeia. Ao chegarmos nas proximidades, fomos recebidos por um bando de índios enfurecidos. Foi uma luta feroz, uma carnificina. Matamos muitos deles, porque nossas armas eram superiores.

Quando cessou o ataque, invadimos a aldeia e novamente o sangue correu. Com nossas armas de fogo já havíamos matado muitos e, com nossas longas espadas, completamos o ataque. Nossos homens eram mestres no uso de espadas. Quando já não opunham mais resistência, reunimos todos no meio da aldeia e começamos a procurar pela mulher branca.

Não a encontramos em lugar algum. Após ameaçarmos alguns de morte, disseram-nos que ela fugira assim que soube de nossa aproximação. Um deles se aproximou de mim e, muito altivo, perguntou:

— O senhor é o Barão?

— Sim, por quê?

— Ela disse que, caso fosse o senhor, era para dizer que ela não quer vê-lo nunca mais!

— Onde está ela agora?

— Fugiu pela floresta logo cedo. Deve estar muito longe agora.

Mandei que alguns homens saíssem à procura dela. Ficamos uma semana na aldeia, até que cessamos as buscas e ninguém conseguiu encontrá-la. Então, chamei o índio e ordenei:

— Caso queira que o resto da aldeia viva, saiam alguns de vocês e tragam-na até aqui. Do contrário, mataremos todos!

— Até mulher e criança o senhor mata?

— Sim. Não restará ninguém, caso vocês não voltem com ela.

— O senhor é pior do que ela falou!

— Ande logo! Esperaremos só três dias.

O índio ficou assustado com minhas palavras. Como já havíamos matado muitos deles, não duvidava de que eu seria capaz de repetir a matança. Embrenharam-se, então, nas matas, cada um para uma direção.

Naquela noite, alguns homens que estavam de folga, ou seja, aqueles que não haviam sido escalados para vigiar os índios, cometeram atos indecentes. Violaram diversas mulheres índias, e até mesmo algumas brancas que havíamos libertado na outra aldeia foram incomodadas. Eu não participei da algazarra, mas também nada fiz para impedir.

Quando fui falar com o explorador que comandava a expedição, ele respondeu-me:

– Ora, senhor Barão! Estes homens já estão longe de suas casas há dias. Só têm lutado, matado e sofrido nesta expedição. Deixemos que se divirtam um pouco; assim não se cansarão com a longa duração desta louca aventura.

– Como, louca aventura?

– Sim, uma louca aventura. Imagine que, por causa de uma mulher que o traiu com um negro, já matamos quase duas centenas de índios nestes últimos dias. E muitos mais ainda morrerão, caso não a tragam de volta. Tudo isso parece absurdo.

– Pois eu lhe digo que não é absurdo algum. Saí com uma finalidade e vou realizá-la, custe o que custar!

– Então, não se incomode com os meus homens, se quiser tê-los por muito tempo. Caso contrário, acabarão desistindo desta expedição.

Vi que não adiantava argumentar com aquele homem. Calei-me e fui me deitar afastado do barulho. Tudo aquilo me enojava, mas nada podia fazer. Tarde da noite, a algazarra cessou e consegui dormir um pouco.

O dia seguinte chegou logo e meu corpo doía muito. Foi um longo e enervante dia. Todos estávamos tensos.

Alguns indígenas tentaram fugir em desabalada carreira e as armas de fogo voltaram a vomitar a morte pelos seus bocais. Se alguns conseguiram escapar, foram poucos, pois a maioria foi morta pelas costas.

A barbárie tomava conta dos homens da expedição. Já não havia mais regras de decência, nem lei de conduta. Algum espírito maligno se impunha no meio de todos.

À noite, nova algazarra. Todas as mulheres brancas participaram dessa vez. A moral fora banida por aquelas pessoas.

Mais um erro iria juntar-se aos muitos que eu havia cometido, desde o dia em que confidenciei a um amigo que pretendia me casar. Fiz, mentalmente, uma lista, e vi que era longa. Eu, que sempre tivera uma conduta moral elevada e uma ilibada reputação, já há alguns anos não honrava meu título de nobreza.

Fiquei meditando sobre isso até altas horas da noite: a que absurdo eu havia chegado nos últimos anos! Orei para que Deus se apiedasse de minha alma e, assim, foi chegando o segundo dia do prazo final.

Alguns índios se rebelaram com nossa conduta e foram mortos na frente de todos.

O horror imperava naquela clareira. Duas mulheres brancas fugiram e alguns homens foram atrás delas. Voltaram mais tarde dizendo que não haviam sido encontradas, mas vi sangue no punhal de um deles. Presumi o que devia ter acontecido: foram mortas. Para eles, mulher branca que havia sido prisioneira dos índios não valia nada. Assisti a tudo sem tomar providência alguma. Eu também havia me bestializado.

Ao entardecer do terceiro dia, eu estava ansioso. Nenhum dos índios que saíram em busca da minha jovem esposa havia retornado. Falou, sarcástico, o comandante:

– Creio que terá de cumprir o prometido, senhor Barão. Duvido que aqueles selvagens voltem com sua esposa.

– Dê ordens aos homens para partirmos ao amanhecer. Quero que fiquem alertas no caso de alguém se aproximar durante a noite. Não quero que disparem naqueles que foram em busca dela.

– Sim, senhor Barão. Vejo que o senhor não vai cumprir sua palavra de matar todos na aldeia, caso não a tragam de volta.

– Só falei aquilo para impressioná-los. Não acha que eu iria matar crianças, mulheres e velhos apenas por vingança, não?

– Achei que um barão sustentaria sua palavra, mas me enganei a esse respeito.

– Seria um ato de loucura. Nada justificaria um massacre desses. Estas pessoas são inocentes!

– Eram inocentes quando aprisionaram sua esposa? Não sabiam que era uma branca?

– Isso não é nada excepcional para os índios, comandante.

– É por isso que eles continuam fazendo essas coisas ainda hoje; não temem represálias por parte dos brancos.

– Maior represália que esta que estão sofrendo neste últimos dias? Impossível imaginar coisa pior.

– É possível coisa pior, sim, senhor. Basta eliminarmos toda a aldeia, que temerão os brancos.

– Talvez tivesse sido melhor conquistar a amizade deles e não o seu ódio.

– Eles nos odeiam há séculos e não iriam acreditar em nossas intenções. Já vi muitos homens brancos serem esfolados vivos porque imaginavam que poderiam conquistá-los com boas palavras. Só compreendem a linguagem do arcabuz e das espadas.

– É um modo cruel esse que utilizamos para conquistá-los, não, comandante?

– Acho que é só mais um dos muitos modos de se conquistar algo.

– Vejo que é um homem muito cruel.

– Eu, cruel? Não! Sou um explorador lúcido, conhecedor desses silvícolas. O senhor é igual a mim. Só não percebe ou tenta parecer diferente, por ser nobre.

Nada mais tinha a falar com aquele homem. Nossas diferenças eram muitas e, caso continuássemos com a discussão, acabaríamos brigando. Sentia nojo dele depois que o vi violar uma garotinha indígena. Era uma criança ainda, não tinha mais de dez anos de idade.

Novamente, pedi a piedade de Deus pelos meus erros. Eu era o culpado por todo aquele horror. Se não tivesse vindo à procura de minha esposa, nada disso estaria acontecendo.

Não consegui dormir a noite inteira. Já era madrugada quando o cansaço me venceu. Acordei sobressaltado com uma saraivada de tiros. Com o barulho, dei um pulo. Corri até o centro da aldeia e o que vi revirou meu estômago.

Minha cabeça dava voltas, qual um redemoinho. Pensei que ia perder a consciência. O horror estava à minha frente. Os indígenas haviam sido assassinados a sangue-frio pelo comandante. Aqueles que ainda viviam, eram assassinados pelas espadas dos homens, transformados em bestas-feras. Corri em direção ao comandante e gritei para que parasse.

– Pare imediatamente com este morticínio, homem! Isto é um ato de selvageria inominável! Que Deus se apiede de nossas almas!

– Cale-se, Barão! Deus não se apiedou de minha mulher e filhos quando estes miseráveis atacaram o lugar em que morávamos. Chacinaram todos.

– Isso não justifica o que outros fizeram à sua família.

– É a vingança, Barão. Apenas sacio o ódio que sinto deles.

– Não foi para isso que lhe paguei. Meu trato foi para que o senhor me conduzisse até minha esposa, e não para praticar sua vingança pessoal.

– Acha que eu viria até aqui somente para procurar uma vagabunda que dormia com um negro? O senhor é um tolo, Barão!

– Não chame minha esposa de vagabunda! O senhor não tem esse direito! Não permitirei!

– Vai negar o que é corrente na boca de todos? Acaso pensa em ser mais um dos muitos traídos conformados?

Eu o esbofeteei com força. Era um desafio à honra dele, caso tivesse alguma ainda. Ele soltou uma gargalhada bestial.

– Então, o nobre Barão me desafia para um duelo?

– Sim. Caso seja um homem de honra, então me dará o prazer de matá-lo!

– O senhor... matar-me? Pois então, desembainhe sua espada, nobre Barão!

Ao dizer isso, puxou sua espada e eu fiz o mesmo. Os homens já haviam acabado com o morticínio dos indígenas e, agora, faziam um círculo à nossa volta. Gritavam palavras de incentivo à luta. Começamos a duelar. O comandante era bom espadachim, mas eu também era e a luta transcorria com violência. Sofremos vários pequenos cortes, mas nada que decidisse a disputa. Por um instante, distraí-me com a chegada dos índios, acompanhados de uma mulher. Não pude ver quem era, porque sofri um corte profundo devido àquela distração momentânea.

Rapidamente, voltei toda minha atenção ao duelo e lutei com um empenho muito maior, pois, se a mulher que não pude ver fosse minha esposa, eu não iria morrer agora.

Após um momento de indecisão dele, atingi-lhe o braço que empunhava a espada. Eu estava sangrando muito, e enfurecido também.

Quando ele sacou seu longo punhal e saltou sobre mim, aparei-o com minha espada, varei seu estômago e ele caiu à minha frente. Não conseguia emitir som algum, de tanta dor.

Eu, na minha loucura, golpeei-o várias vezes. Quando já não restava o menor vestígio de vida, varei-lhe o coração com minha espada, e deixei-a ali, enfiada em seu peito.

O ENCONTRO

O sol começava a despontar no horizonte quando olhei para o lado em que vira os índios com a mulher. Lá estava minha esposa aos prantos. Os índios também davam gritos de dor, com a visão da chacina.

Aproximei-me dela. Tinha o rosto sofrido, mas ainda era bela. Estava mais amadurecida com o sofrimento que passara. Procurei tocá-la, mas ela me repeliu com um grito de horror.

– Afaste-se de mim, assassino!

– Não sou assassino! O homem que causou esta selvageria está morto. Acabei de matá-lo pelo que fez.

– Que adianta tê-lo matado, se os mortos não vão reviver?

– Eu não ordenei isto, acredite-me!

– Pequeno Trovão falou-me que, se eu não voltasse, você mataria todos na aldeia. Por que tenta se justificar agora?

– Aquilo foi somente para assustá-los. Queria que a trouxessem de volta. Eles sabiam como encontrá-la, pois conhecem bem a floresta.

– Sim, eles conhecem muito bem a floresta. Viveram aqui por centenas de anos, em paz. Mas não conhecem bem os brancos, como você. Por que veio procurar-me? Não disse que eu o havia desonrado com um negro? Qual homem procuraria pela esposa que o desonrou?

– Prometi a seu pai que a levaria de volta, não importando o tempo que demorasse. Vou levá-la de volta!

Eu tentava me justificar diante dela.

– Eu não quero voltar nunca mais para o seu meio. Fui ultrajada, chamada por um nome que até hoje me magoa, sem ter feito nada. Deixe-me em paz, poderoso Barão!

– Esta expedição foi um tormento tão grande que agora você vai de qualquer jeito, mesmo que eu tenha de amarrá-la.

– Pois terá de fazê-lo. Não irei por livre vontade.

– Não me force a isso. É a última coisa que eu faria para levá-la de volta.

– Não vou voltar. Prefiro morrer!

Nisso, um dos homens se aproximou e disse:

– Senhor Barão, é melhor matarmos estes índios e partirmos logo. Os homens já estão ficando impacientes com sua demora.

– Faça o que achar melhor, homem. Eu já não me incomodo com mais nada.

– Vou assumir o comando da expedição a partir de agora, senhor.

– Como queira, homem.

Ele deu uma ordem e os índios foram amarrados. Iria fuzilá-los ali mesmo. Minha esposa deu um grito.

– Não façam isso. É crime!

Eu nada falei. Apenas fiquei observando a movimentação dos homens. Ela tornou a falar.

– Não permita isso, eu lhe imploro. Voltarei com você se os deixar vivos.

– Ao ouvir isso, dei um grito:

– Não atirem! Deixem que eles vivam. Solte-os, comandante.

– É uma loucura, senhor Barão! Irão até outra aldeia e seremos perseguidos em nosso retorno depois do que fizemos aqui.

– Então, amarre-os bem para que possamos nos afastar desta região sem sermos molestados.

Os índios foram amarrados e nós partimos. O silêncio reinava entre os homens. Penso que despertavam do pesadelo do qual haviam sido protagonistas, o que pesava em suas consciências e quebrava o moral de todos.

Eu ia à frente, com minha esposa ao lado. Não trocávamos palavras, e eu pensava: "Centenas de mortos. Inocentes pagando por um erro estúpido de minha parte".

Tudo era consequência de um plano maldito desde o início, engendrado por mim para me vingar de uma esposa não-virgem. Que loucuras eu havia cometido por causa de um preconceito mesquinho!

Logo chegamos ao lugar onde havíamos deixado nossas bagagens. Apanhamos tudo e continuamos a caminhada até as canoas. Fizemos uma rápida refeição e partimos.

A volta foi mais difícil, pois agora remávamos contra a correnteza. Navegamos até o entardecer e, quando o sol já se punha no horizonte, paramos à margem do rio, num lugar de fácil acesso.

O cozinheiro preparou o jantar, enquanto permanecíamos em silêncio. Não havia mais as brincadeiras ou as gargalhadas da ida. Todos experimentavam o gosto amargo da louca aventura. Sim, que loucura! O saldo da expedição tinha sido uma aldeia inteira chacinada.

Aquilo pesava em minha consciência como nada até aqueles dias. Não conseguia esquecer a cena dos homens varando os corpos dos indígenas já feridos. Matar alguém numa luta eu aceitava como normal, mas aquilo não!

Já era noite e nos preparamos para dormir, enquanto alguns ficariam vigiando. Tínhamos de descansar, pois agora era cansativo remar. Já não havia tanto peso nas longas canoas, mas isso não facilitava em nada a volta, principalmente porque o rio, naquela região, tinha uma forte correnteza.

Eu, como estava com minha esposa, afastei-me dos homens. Temia que fizessem com ela o que haviam feito com outras brancas e índias. Alguns haviam se apossado das poucas brancas que trazíamos de volta, e isso deixou os outros com um desejo incontido.

Longe do grupo, estendi uma manta debaixo de uma árvore com galhos até o solo. Poderíamos ficar ali durante a noite sem sermos vistos. Ia deitar-me, quando ela me pediu para acompanhá-la até a margem do rio.

– O que quer fazer lá?

– Preciso lavar-me. Faz quatro dias que não passo uma água no corpo. Sinto-me imunda.

– Eu não me lavo há semanas, também. Vou com você.

– Prefiro entrar sozinha na água.

– Fique tranquila. Não vou incomodá-la.

Eu havia entendido a insinuação.

Como a lua iluminava tudo com seu clarão, margeamos o rio até uma curva. Ali não nos veriam tomando banho.

Havia levado minhas armas. Tirei-as, assim como as roupas, deixando-as encostadas no tronco de uma árvore. Entrei na água e lavei-me bem. Ela fez o mesmo e fiquei observando seu corpo. O luar prateado tornava-a mais bela ainda. Apesar de tudo o que havia passado, ela estava mais bonita que nunca. A visão me despertou desejo.

Aproximei-me lentamente e a envolvi com meus braços.

– Você prometeu não me incomodar.

– Não posso conter meu desejo. Faz tanto tempo que não toco em um corpo feminino, que não posso resistir.

– Não quero ser incomodada, Barão.

– Ao menos me deixe abraçá-la um pouco, e já me darei por satisfeito. Tenho sofrido com sua ausência.

– Agora é muito tarde para lamentar minha ausência. Devia ter acreditado em mim quando falei que não sabia da presença do negro em nosso leito.

– Eu acredito em você agora.

– Outros já me possuíram contra minha vontade. Isso não o incomoda mais?

– Não, e tampouco me incomodo por não ter se casado virgem comigo. Tudo é passado.

Ela se ofendeu.

– Mas eu lhe jurei que era virgem quando casei com você. Homem algum havia tocado em mim até então.

– Como explica então a ausência do sangue?

– Não sei como explicar. Apenas posso lhe dizer que, assim como o negro não me tocou, outro, além de você, jamais havia me tocado. Agora, deixe-me. Não quero continuar com esta conversa.

– Não falarei mais nisso. Prometo. Agora deixe-me amá-la um pouco.

– Não faça isso, por favor, não force. Não tenho vontade.

Mas, mesmo contra a sua vontade, eu a possuí ali, à margem do rio.

Quando me separei dela, ouvi soluços. Ela chorava baixinho. Tentei consolá-la, mas sem sucesso, e, de repente, ouvi gritos de guerra misturados a gritos de desespero. Vestimo-nos o mais rapidamente possível e eu apanhei minhas armas.

– Fique aqui, que vou ajudar os homens. Pelos gritos, devem ser muitos índios.

– Vou com você. Não quero ficar aqui sozinha.

– Está louca? Na luta podem matá-la também.

– Não me incomodo de morrer. Seria uma bênção divina se isso acontecesse. Só não me matei porque não tive coragem.

– Mas eu me incomodo. Não vou permitir que nada de mal lhe aconteça. Fique aqui, em silêncio. Quando tudo estiver calmo, voltarei para apanhá-la.

Saí correndo em direção ao local da luta e, ao chegar, vi corpos boiando no rio. Acautelei-me, pois eram de homens da expedição.

Quando me aproximei o suficiente, assustei-me com o que vi. Centenas de índios massacravam os meus homens. Fiquei, então, escondido, assistindo à luta. De nada adiantaria entrar, pois já não restavam mais homens lutando, apenas se defendendo dos golpes. Cerca de dez minutos depois já não havia mais ninguém vivo.

O alarido dos índios comemorando a vitória era ensurdecedor. Eu me afastei sorrateiro, apanhei a manta estendida sob a árvore, caminhei até junto de minha esposa, agarrei-a pelo braço, tirei-a da margem do rio e nos escondemos até que os índios se afastassem.

 Do lugar onde estávamos, víamos os corpos dos homens deslizarem sobre as águas do rio. Depois de algumas horas, quando percebi que tinham se retirado, tornei a me aproximar do local da luta. Logo amanheceria e eu esperava que tivessem deixado algo que nos fosse útil dentro da floresta.

 Encontrei algumas bolsas com pólvora e chumbo, as quais apanhei e guardei numa mochila que haviam deixado para trás. Achei também algumas sacolas de alimentos e arcos-e-flechas, que seriam úteis para o caso de ter de caçar algum animal sem fazer barulho com a arma de fogo.

 Ao fim de minha busca, achei que poderíamos voltar sem muitos tropeços. Ajeitei tudo num barco e remei até a curva do rio. Encostei-o na margem e fui buscar minha esposa, mas, ao chegar ao lugar em que a havia deixado, não a vi. Assustei-me. Onde teria ido? Procurei ao redor, e nada. A manta estava onde eu pusera, mas... e ela, o que teria acontecido.

 Passei ainda um bom tempo à sua procura. O desespero tomou conta de mim.

 Depois de todo o esforço, eu a perdia novamente. Será que algum índio a teria capturado?

 Foi com isso em mente que arrastei o barco para um lugar seguro e o cobri com galhos. Voltei ao ponto de luta e segui os rastros dos índios. Não foi difícil segui-los, pois deixaram uma trilha por onde passaram.

 Após andar uns seis quilômetros, avistei a aldeia e, com muita cautela, fui me aproximando. Quando cheguei perto o bastante, comecei a vasculhar, de longe, o seu interior.

No centro da aldeia, os índios comemoravam a vitória contra os brancos, mas não vi minha esposa. Fiquei um longo tempo vigiando, tentando localizá-la e nem percebi as horas passarem. Somente quando começou a escurecer é que me dei conta do quanto havia permanecido ali sem notar sinal algum de sua presença.

Voltei rapidamente ao barco, e uma ideia passou pela minha cabeça: e se ela tivesse voltado à aldeia da qual eu a resgatara?

Descobri a canoa, lancei-a na água e remei com força. Caso ela tivesse voltado à aldeia a pé, eu já estava bem atrasado. Tinha de navegar o mais rápido possível.

A canoa deslizava nas águas do rio e eu procurava as correntezas mais fortes para atingir maior velocidade. Ia fazendo cálculos do quanto ela já havia caminhado. Andar beirando o rio era a única alternativa para ela; caso contrário, poderia perder-se na floresta. Ia observando tudo. Apesar de ser noite, a lua cheia clareava as margens do rio.

Quando cheguei ao local onde havíamos escondido os barcos anteriormente, procurei por ela, mas nada, nem sinal de sua presença. Escondi a canoa, apanhei minhas armas, segui a picada que havíamos feito e, ao amanhecer, cheguei à aldeia, mas não entrei. Apenas me encostei numa árvore para descansar um pouco e ficar vigiando.

Os índios continuavam amarrados no centro dela e minha esposa não havia chegado ali ainda. Procurei não dormir, embora o cansaço tomasse conta de meu corpo.

Fiquei duas ou três horas vigiando, até que vi uma pessoa aproximar-se. Era ela. Armei o arcabuz e me aproximei sorrateiro. Quando chegava perto dos índios, eu a surpreendi por trás.

– Então quer dizer que dezenas de homens morrem por sua causa e você volta para estes miseráveis?

– Você não compreende que não quero mais voltar para Santos? Prefiro viver aqui a suportar a humilhação por algo que não cometi!

– Sei que você não cometeu erro algum.

Quando me dei conta do que havia dito, ela já indagava:

– Você sabe que não cometi erro algum? Conte-me! Como sabe?

– É que eu acredito em sua palavra. Sofri muito com sua partida. Não percebe?

– Não foi isso que entendi. Você sabe de algo mais e está escondendo de mim?

– Se eu lhe contar toda a verdade, você volta comigo?

– Conte-me e depois eu decido, mas, antes, deixe-me soltá-los. Estão quase mortos!...

– Não! Só lhes dê água para saciar sua sede. Depois os soltaremos.

Ela deu água aos índios, que de fato estavam em péssimo estado. Permiti que os soltasse das estacas.

– Ficarão com as mãos atadas.

– Está bem. Assim sofrerão menos.

– Por que se preocupa com eles?

– Gosto deles. São amigos meus e me tratam bem.

– Como você veio parar aqui?

– Eu não conseguia dormir após o ocorrido naquela noite horrível. Levantei-me e fui ao quintal da paróquia. Estava absorta em meus pensamentos, quando fui surpreendida por mãos que taparam minha boca. Não pude emitir o menor grito de socorro. Uma pancada na cabeça me desacordou.

Quando recobrei os sentidos, já estava no alto da serra, muito longe de Santos. Era dia e eu me assustei quando me vi no meio dos índios.

– Quem são vocês e o que querem comigo? – perguntei.

– Viemos em busca de irmãos nossos que foram feitos escravos por bandeirantes. Chegamos tarde, pois já foram levados para longe. Quando voltávamos, vimos você e a trouxemos. Não vamos matá-la, se ficar quieta.

– Levem-me de volta – pedi.

– Não! Você vai conosco! Caso algum branco se aproxime, nós o ameaçamos com a sua vida.

– Mas eu não lhes fiz mal algum. Isso não é justo!

– Você é uma mulher branca e isso é o bastante. Outras como você estão indo também.

E assim fui trazida para cá. Foram semanas de viagem até um rio que nasce no Planalto, de onde viemos em canoas até aqui. Durante o percurso, fui muito maltratada. Disputavam a minha posse, como mulher, todas as noites. Foi horrível!

Por fim, um deles me tomou como esposa. Acabei aceitando a situação, pois não tinha outra alternativa. Além do mais, minha gravidez já estava ameaçada.

– Você estava grávida?

– Naquela noite em que tudo aconteceu eu já estava grávida, mas até então não sabia, pois não entendia desses assuntos. Assim que percebi, comecei a me preocupar. Aceitei a companhia do índio para poder ter meu filho com algum conforto.

Há três meses, ele nasceu. Fugi com ele quando sua expedição se aproximava da aldeia. Foi por isso que voltei. Quero ficar junto de meu filho.

– Onde está ele agora?

– Com uma índia amiga. Ela está tomando conta dele para mim.

– É longe daqui?

– Não. Eu gostaria de ir pegá-lo. Poderia contar-me agora como sabe que não menti naquela noite?

Enquanto conversávamos, achei uma boa história para enganá-la:

– Um dos escravos me contou que, quando meus amigos e eu chegamos em casa, o negro tinha acabado de entrar. Além do mais, você realmente não estava despida quando a encontrei. Não poderia ter se vestido em tão pouco tempo e fingido que dormia, pois não fiz barulho ao entrar. Por isso vim atrás de você. Quero-a de novo comigo. Vá buscar nosso filho para voltarmos ao Planalto. De lá, iremos a Santos, e depois partiremos para Portugal.

Ela foi buscar o menino e eu fiquei ali, esperando e alimentando os índios. Um deles pediu-me para libertá-los, a fim de que pudessem enterrar seus mortos, que já cheiravam mal. Concordei e, ao ver corpos e mais corpos sendo enterrados, exclamei:

– Quanta gente morta por um erro meu! Meu Deus, perdoe-me por tudo isso. Foi uma loucura, meu Pai!

Mais tarde, ela voltou com a criança, um belo e forte menino; foi até os índios e se despediu. Um dos corpos enterrados era do índio que havia sido seu companheiro.

Partimos em seguida. Ao chegarmos ao local onde estava a canoa, preparei algum alimento e descansamos até tarde da noite. Cerca de duas horas depois, lancei a canoa na água e comecei a remar. Ela me ajudou com o remo.

Navegávamos durante a noite e descansávamos durante o dia, pelo menos até que saíssemos daquela região hostil. Isso durou duas semanas, porque quase não rendia navegar à noite.

As flechas que eu havia apanhado nos ajudaram naqueles dias, pois caçava com elas. E assim passamos despercebidos pela região toda.

Consegui aproximar-me dela novamente. Se antes não a amava, agora não podia ficar sem ela. Como era possível? Cheguei a odiá-la por não ser uma moça virgem e agora não largaria dela por nada neste mundo. Se ela gostava ou não de mim, nunca o disse, mas acho que me aceitava, afinal.

Éramos duas criaturas com uma brutal diferença de idade: ela com quinze para dezesseis anos e eu com quarenta e tantos. Mas isso só a tornava mais especial para mim. Como a amei naqueles dias!

Por fim, chegamos ao mais avançado vilarejo de brancos. Todos vieram ver quem éramos e eu me apresentei:

– Sou o Barão de tal e esta é minha esposa.

– Pensávamos que o senhor tivesse morrido.

– Quase, mas, por um milagre, escapei do massacre de minha expedição.

Contei-lhes mais ou menos o ocorrido. Ficamos ali por dois dias e depois partimos rumo a São Paulo. Fomos acompanhados até lá.

Quando já estávamos instalados em minha casa, nosso filho adoeceu. Nada cortava sua febre e, três dias depois, ele faleceu. Foi um choque para ela e motivo de tristeza para mim, que não imaginava que fosse amar tão rapidamente aquele menino.

Como ela estivesse inconsolável, achei melhor voltarmos para Santos. Vendi as propriedades em São Paulo e iniciamos a viagem até a antiga residência. Quando lá chegamos, houve um alvoroço muito grande à beira-mar, e tivemos de nos isolar por alguns dias, até tudo se acalmar. Com o passar dos dias, ela acabou se conformando com a morte da criança.

Quanto a mim, não sei como explicar, mas eu a amava cada dia mais. Talvez por tê-la feito sofrer tanto, ou por ter agido como um canalha, levando-a à extrema humilhação. Não importava o motivo, só sei que a amava muito.

Com ela ao meu lado, eu era feliz. Só não tinha coragem de contar-lhe toda a verdade, e isso me incomodava bastante.

VOLTA A PORTUGAL

Vendi todos os meus bens e partimos para Portugal. Lá, tudo ficaria para trás e o tempo encobriria o passado. Compramos uma bela propriedade próxima a Lisboa e nos instalamos com muito conforto.

Meu sogro, devido ao desgosto sofrido com as notícias sobre a filha, havia se afastado do cargo de ministro do rei e era um homem amargurado.

Contei-lhe a mesma história que contara a ela. Ele comentou:

– Eu sabia que minha filha não seria capaz de cometer um ato dessa natureza.

– Foi um lamentável engano, senhor. O tempo há de encobrir essa mágoa.

– Assim espero, senhor Barão, e que possam viver bem, de agora em diante.

– Tenho certeza disso, pois eu a amo muito e tudo farei para que seja muito feliz.

Depois de conversar mais um pouco, voltei para casa; queria ficar perto dela o maior tempo possível. Com alguns meses em Portugal, ela engravidou novamente.

Às vezes, eu acordava com pesadelos horríveis. Eram lembranças amargas da expedição. Figuras vingativas se aproximavam de mim e tentavam matar-me durante o sono. Acordava transpirando muito e com o coração disparado.

Isso se tornou uma rotina. Todas as noites tinha pesadelos horríveis; às vezes, com o comandante da expedição tentando matar-me. Eu tinha medo de dormir, definhava a olhos vistos e minha esposa começou a preocupar-se com minha saúde.

– Você deve procurar um médico para saber qual é o mal que lhe aflige, Barão.

– Não é o mal do corpo que me incomoda, mas, sim, o da alma, minha querida. A consciência me acusa dia e noite, e isso está me aniquilando. Tenho medo de dormir, pois, quando durmo, vejo hordas de índios me perseguindo, ou os homens da expedição, ou o negro morto no nosso quarto. Todos me acusam de ter provocado suas mortes.

– Mas você não tem culpa alguma. Tudo foi consequência daquela noite horrível.

– Sei disso, mas mesmo assim acredito que sou culpado por tudo.

– Não se acuse assim. Você também foi uma vítima do pesadelo.

– Se eu não tivesse agido com precipitação, nada daquilo teria acontecido. Estou pagando o preço de meus erros.

– Você não poderia saber da verdade se outro negro não lhe tivesse contado. Sempre restaria uma dúvida que, espero eu, já não exista mais.

– Já não existem mais dúvidas, apenas remorso por tantas mortes que causei.

– Não pense mais nisso. Um dia Deus o julgará e você verá que o juízo d'Ele será a seu favor. Ele, em Sua grandeza, mostrará a todos que você não teve culpa alguma. Apenas agiu movido pela dúvida. Era um direito seu. Como poderia saber que o tal negro havia entrado no nosso quarto quando você chegou? Além do mais, se mataram o negro, não foi culpa sua. Se ele tivesse ficado vivo, poderia ter esclarecido tudo ali mesmo.

– Vou procurar controlar meus pensamentos, querida.

Disse isso mais para ela do que para mim, pois eu sabia de toda a verdade, mas não tinha coragem de contá-la.

Quanto ao julgamento de Deus, eu o temia muito mais, pois, aos olhos d' Ele, eu nada poderia ocultar. O inferno seria o caminho natural para alguém como eu.

Esse pensamento me incomodava mais ainda. Orava muito, pedindo o perdão divino, mas não tinha esperança de obtê-lo.

A gravidez dela avançava e eu me destruía cada dia mais. Quando a criança nasceu, eu me alegrei um pouco com a emoção da chegada de meu outro filho. Os pesadelos diminuíram de intensidade e tive esperanças de esquecer o passado. Sonhava com essa hipótese e até melhorei de saúde, mas tudo não passou de uma ilusão: a criança nasceu doente e, poucos dias depois, faleceu.

Minha esposa ficou inconsolável e eu me recolhi mais ainda. Comecei a acreditar num castigo divino. Sim, só podia ser um castigo pelos meus erros.

Já havíamos perdido um filho, que era saudável até eu chegar à aldeia e causar tantas mortes. Não achava outra explicação para as duas crianças morrerem sem motivo algum senão uma maldição divina.

Esse pensamento foi se tornando insuportável. Os pesadelos voltaram com intensidade redobrada. Não me alimentava nem conseguia dormir mais do que uma hora seguida sem sofrer acusações dos mortos.

Minha esposa tentou animar-me um pouco:

– Vamos, querido, não se abata tanto com a morte de nosso filho. Talvez seja o destino. Mais tarde teremos outro. Muitos casais tiveram filhos que morreram logo após o nascimento. Não somos os únicos.

Nada respondi, pois não tinha vontade de conversar. Como ela insistia, resolvi contar-lhe a verdade.

– Vou contar-lhe toda a verdade, querida esposa. Depois verá que sou o causador da morte de nossos filhos e de tantos outros.

– Que verdade? – perguntou, curiosa.

– Sobre a morte do negro, dos índios e dos homens da expedição....

– Você já falou disso antes.

– Disso, sim, mas de como tudo começou, não.

– Foi só por causa da invasão daquele negro ao nosso quarto.

– Seria bom se fosse só isso. O que você não sabe é que fui eu quem mandou o negro entrar em seu quarto naquela maldita noite.

– Como? Não estou compreendendo!

– Eu lhe contarei tudo. Acalme-se.

Comecei falando da minha obsessão por ela não ser virgem quando nos casamos, de como encarei sua recusa e suas lamentações durante a viagem, até chegarmos à colônia, e, por fim, contei-lhe como, de fato, as coisas aconteceram.

Quando terminei, ela nada disse. Dos seus olhos corriam lágrimas em abundância. Após algum tempo, consegui falar:

– Eu lhe juro por tudo o que há de mais sagrado que jamais havia sido tocada por homem algum. Eu alimentava o sonho de entrar para um convento da Virgem Maria e ser uma freira mariana. Foi por isso que chorei antes de me entregar a você. Como pôde duvidar de minha virgindade? Por que não acreditou em mim? Será que eu dava mostras de ser uma esposa leviana?

– Sinto muito. Sou o maior culpado de todo o seu sofrimento. Espero que me perdoe algum dia.

– Não é para mim que deve pedir perdão, mas, sim, para Deus, por ter causado a morte de tantos inocentes.

– É por isso que me martirizo tanto. Minha consciência não tem paz e me acusa a todo instante. Além do mais, após seu desaparecimento naquela noite, descobri que a amava. Sim, eu a amo muito, minha querida esposa.

– Eu o amei nos últimos tempos. Achei que era um homem bom, mas agora não tenho certeza de mais nada. Por que tinha de me contar tudo isso agora, que eu já havia esquecido todo o sofrimento por que passei?

– Eu não consegui ocultar mais. Sou culpado pela maldição que paira sobre nossas vidas. Que Deus me perdoe!

Com a voz dura, ela respondeu:

– Duvido que Ele o faça! Somente o inferno abrirá as portas para recebê-lo, quando morrer. Do céu, nada deve esperar.

Nos olhos dela não havia mais lágrimas, apenas frieza e desprezo por mim. Apanhou roupas, joias e algumas coisas de uso pessoal e foi para a casa dos pais: eu havia perdido a única coisa que me importava neste mundo.

Sim, ela era tudo para mim, e sem sua presença não valeria a pena viver. Tranquei-me no quarto e chorei muito; estava muito fraco e, em poucos dias, não tinha mais forças para mover-me.

Sentia-me um morto-vivo, com a consciência a acusar-me dos crimes cometidos por causa de uma desconfiança idiota. Sabia agora que ela era pura quando se casou comigo. Sabia também que a amava muito, e que o destino é que me havia conduzido até Portugal para torná-la minha esposa. Não tive capacidade de acreditar nela quando me jurou ser virgem.

Não tinha mais noção do tempo, mas sabia que estava trancado no quarto há muitos dias. Não sabia se era dia ou noite nem conseguia mover-me na cama, sentindo dores em todo o corpo. Lentamente, uma lassidão foi me envolvendo. Consegui dormir um pouco, mas logo acordei com pancadas na porta e com gritos que me mandavam abri-la.

– Senhor Barão, abra esta porta, por favor!

Ouvi também a voz de minha esposa, pedindo-me que fosse abrir a porta. Animei-me com a presença dela, tentei levantar, mas não conseguia me mexer. Estava paralisado pela fraqueza.

– Vamos derrubar esta porta! – falou alguém.

A porta era muito resistente e tinha um grande ferrolho atravessado ao meio. Com um machado, começaram a despedaçá-la, e eu nada podia fazer para ajudá-los. Por mais que me esforçasse, não conseguia mover um dedo.

Mil pensamentos passaram pela minha mente. Talvez Deus tivesse me castigado e paralisado meu corpo. Sim, só podia ser isso!

Por fim, a porta foi derrubada e vi meu sogro e minha esposa, com alguns empregados. Quando entraram no quarto, taparam as narinas.

– Meu Deus, ele está morto há dias! – falou ela.

– Sim, o cheiro está muito forte. Acho melhor providenciarmos o enterro o mais breve possível.

Eu ouvia, mas não acreditava no que diziam. Comecei a falar também:

– Não estou morto, querida! Ajude-me a levantar. Ainda posso caminhar. Só estou muito fraco!

Ela olhava em meus olhos, e ainda falou:

– É uma pena não ter se confessado antes de morrer...

– Sim, filha. Acho que sua alma vagará por muito tempo no purgatório.

– Papai, ele deve ter sofrido muito por causa do remorso que o atormentava.

– Foi um castigo justo, minha filha. Alguém que fez tudo o que ele fez só pode ter o inferno como morada eterna.

– Não diga isso, papai. Ele já sofreu bastante por ter errado.

– Duvido. E quanto aos inocentes que morreram por causa de sua estupidez? Terá de pagar por isso também. Deus nunca o perdoará pelo que fez. Vamos embora. Vou mandar que enterrem logo o corpo, pois o mau cheiro está insuportável.

– Como deve ter sofrido, papai! Olhe o corpo dele. Está em pele e osso. Morreu de fome e sede.

– Pagou um pouco do que devia. O resto, o inferno se encarregará de cobrar.

Ele saiu na frente. Ela ainda olhou meus olhos. Nesse instante, tornei a falar:

– Querida, não estou morto! Só estou muito fraco e não posso me mover. Ajude-me a levantar, por favor!

Ela estendeu sua mão direita em direção ao meu rosto. Pensei que iria me ajudar, mas não; apenas tocou meus olhos, o que me causou um certo incômodo.

Instintivamente, fechei e abri os olhos e ela disse ainda:

– Durma seu sono agora, Barão. Chega de ficar com os olhos abertos, com medo de seus pesadelos.

– Não quero dormir! Preciso de ajuda!

Ela virou as costas e saiu do quarto. Eu gritava seu nome. Creio que tive uma crise nervosa e comecei a chorar. Não era possível que ela fosse tão cruel, a ponto de não me ajudar agora.

Algum tempo depois, controlei-me, afinal, era um direito dela não me ajudar. Eu a fizera sofrer tanto e injustamente.

Quando já estava conformado com a situação, levei outro susto; dois homens, com lenços no rosto, entraram no quarto com um caixão tosco. Tiraram a tampa e um comentou com o outro:

– Quem diria, hein? Um barão rico como ele morrer dessa forma.

– Sim, deve ter sido horrível, não?

– É, morrer assim abandonado deve ser a pior das mortes.

– Por que será que ninguém o ajudou?

– Ouvi dizer que ele se trancou no quarto após a morte do filho recém-nascido. Dizem que sua esposa vai entrar para um convento, de tanto desgosto.

– É uma pena, pois ela é mulher muito bonita, e ainda jovem. Eu teria coragem de me casar com ela, ainda mais com a fortuna que vai herdar com a morte do Barão.

– Sim, eu a consolaria com muito prazer – e deu uma gargalhada.

– Ah! Como eu gostaria de passar uma noite com ela!... Garanto que, aí sim, ela veria o que é um homem, não um velho como este barão. Ela não deve ter sido muito feliz como mulher.

– Isso é verdade. Já pensou, uma beleza como ela tendo que suportar as carícias de um bode velho como este?

– Nunca conheceu o prazer que um homem de verdade poderia lhe proporcionar.

Caíram na gargalhada e eu comecei a xingá-los de todos os nomes chulos que conhecia, mas eles nem prestavam atenção. Quando olharam novamente para mim, foi para segurar-me, um pelos braços e outro pelas pernas, e enfiar-me no caixão.

– Não façam isso! – gritei, desesperado. – Cuidado, pois meus ossos doem muito!

De nada adiantaram meus gritos. Fui jogado sem piedade no caixão, puseram a tampa sobre ele e começaram a pregá-la. Continuei gritando, mas eles não ligavam. Logo, senti que estava sendo arrastado para fora do quarto.

Fui acompanhando mentalmente o percurso e senti dores horríveis quando desceram os degraus da entrada, pouco depois. Gritava muito por socorro, mas parece que ninguém se incomodada.

– Parem, seus assassinos! O que vão fazer comigo? Para onde estão me levando?

Senti quando jogaram o caixão sobre uma carroça. Uma ideia temerária tomou conta de mim: e se o pai de minha esposa tivesse mandado seus empregados sumirem comigo somente por vingança? Talvez quisesse vingar-se pelo mal que eu havia feito à sua família, e também a ele próprio, pois deixou de ser ministro do rei por causa do desgosto que eu lhe causara.

Sim, só podia ser isso! No mínimo, iriam sumir comigo, pois eu não podia reagir devido à fraqueza que se apossara do meu corpo.

Ainda pensava nisso quando percebi que pararam a carroça; senti que o caixão, comigo dentro, foi colocado no chão e comecei a ouvir o solo sendo escavado.

– O que vão fazer comigo? Vamos, canalhas, digam o que pretendem!

Faziam-se de surdos, pois não respondiam às minhas indagações. Logo o barulho cessou e o caixão foi colocado numa vala. Percebi claramente, pois, apesar de fraco, tinha todos os sentidos alertas.

Que horror! Tinham começado a cobri-lo com terra! Eu ouvia o barulho da terra caindo sobre o caixão.

– Parem com isso, vamos, seus cães imundos! Não podem fazer isso! É uma desumanidade enterrar um homem vivo!

Mas de nada adiantaram minhas palavras, e ouvi quando fincaram algo que não pude precisar o que era. Ainda ouvi quando um deles falou:

– Adeus, Barão! Que a terra o acolha para todo o sempre!

"Malditos!", pensei.

Quem iria saber que eu havia sido enterrado vivo? Somente eles saberiam onde me encontrar e, na certa, não iriam contar para ninguém. Sim, meu sogro havia se vingado de uma forma diferente. Ele se aproveitara de minha paralisia e sumira com meu corpo.

E minha esposa? Como podia ter concordado com tal plano? Na certa, queria ficar com minha fortuna e longe de mim. Eu havia me achado um tolo por contar-lhe que desconfiava de sua virgindade, e agora pagava o preço da sinceridade.

Decerto, ela falara com o pai e ambos resolveram enterrar-me vivo para ficar com a minha fortuna. Que imbecil eu havia sido! Ela, jovem, bonita e riquíssima, iria divertir-se de agora em diante. É isso! Como não imaginara essa possibilidade?

Ela já devia ter alguém a quem amava em Portugal, e agora tinha voltado para perto do seu amado. Além do mais, como ela mesma havia dito, os malditos índios a disputavam todas as noites. Que estúpido era eu! Ela conhecia outros homens e sabia como era o prazer. Com minha fortuna, iria tornar-se uma messalina em Lisboa, enquanto seu pai reconquistaria seu posto de ministro do rei.

Tudo isso graças à minha fortuna. Sim, deviam ter arquitetado um belo plano para se livrar de mim, afinal, eu não era mais necessário. Já estava velho mesmo. O que uma jovem de dezessete para dezoito anos, muito bela, iria querer com um homem de quase cinqüenta anos? Talvez preferisse ser disputada por muitos rapazes, tal como quando esteve entre os índios.

Para os dois, seria muito fácil dizer que eu havia falecido de desgosto pela morte do filho recém-nascido. Sim, nem filhos tinha para atrapalhá-la agora! Era totalmente livre e eu facilitara tudo ao ficar paralisado pela fraqueza. Como podiam dizer que eu estava morto?

Certamente, disseram aos conhecidos que eu já estava morto há muitos dias, como eu os ouvira dizer, apenas para não ter de me mostrar a ninguém. Sim, tiveram uma ideia perfeita para se livrar de mim. Eu os amaldiçoei com todo o meu ódio. Que traição eu havia sofrido! A mesma falsidade de antes do casamento.

No mínimo, o pai consentira que casássemos porque sabia que ela já não era mais virgem.

O tolo e rico barão apareceu para salvar as aparências. Chamei-me de idiota muitas vezes. Por que fui me meter em tamanha enrascada? Não podia ter ficado no Brasil e usufruído tranquilamente dos encantos das jovens que eram minha amantes?

"Estúpido Barão", dizia eu. Mas... e agora? Como sair dali, se não tinha mais forças para me mover?

Além do mais, o caixão era espesso e pesado. Eu não conseguiria quebrá-lo, ainda mais por estar enterrado a uma boa profundidade. O ódio foi tomando conta de todo o meu ser.

Onde estavam o negro e os índios que antes não me davam paz? Onde estariam eles agora?

Tudo não passara de uma ilusão por causa de um remorso estúpido. Sim, era isso mesmo!

Fiquei com a consciência a me cobrar pela morte de uns miseráveis e só arruinei a minha vida. Que tolo havia sido! E não havia meios de me livrar daquela situação.

Quem sabe, se eu orasse a Deus pedindo Seu socorro! Sim, Deus é bom, iria se compadecer de meu sofrimento e não iria concordar, em Sua infinita bondade, com tamanho crime praticado por aqueles dois. Não! Ele me salvaria daquela situação horrível!...

Comecei a orar com grande fervor. Fiz todas as preces que sabia, muitas vezes, e orei, também, a todos os santos e santas que conhecia. Alguns deles poderiam, num ato de misericórdia, fazer com que alguém cavasse ali e encontrasse o caixão.

Depois de muito tempo orando, ouvi cavarem o solo. Não era perto ou acima, mas estavam cavando. Sim! Deus e os santos tinham ouvido as minhas preces! Uma alma piedosa, guiada por mãos divinas, vinha em meu socorro!

Certamente iriam cavar todo o lugar, até me encontrar. Deus ouvira minhas preces. Algum tempo depois, cessaram os golpes no solo e achei que não iriam me localizar.

Ouvi vozes, mas a distância não me permitia entender o que falavam. Gritei bem alto, quem sabe ouviriam, apesar de saber que o som não chegaria até eles, pois o caixão fazia um eco muito forte e o som não se propagava.

As vozes cessaram. Achei que tinham desistido de me procurar. Continuei orando e orando, sem parar. Como eu amava a Deus e os santos!

Às vezes, tinha crises de desespero e chorava muito. Não conseguia conter o pranto naquela situação.

As dores aumentaram muito e surgiram feridas em meu corpo que tinham um aspecto horrível. Aos poucos, foram aumentando de tamanho. Eu podia senti-las crescendo.

Quantas dores eu sentia! Gritava por socorro e ninguém me ouvia.

Já não conseguia mais orar e sentia minha carne sendo devorada por vermes. Que horror! Eu os sentia andando por minha pele. Entrei em choque. Aquilo era algo que eu não havia imaginado.

Sim, eu estava isolado em um caixão. Os vermes iriam me deixar igual a um cadáver, todo carcomido. As dores foram aumentando de intensidade. Mas o pior ainda estava para acontecer.

A TRAGÉDIA CONTINUA

Comecei a ouvir algo roendo o caixão. O que seria? Ratos! Só podiam ser ratos! Sim, eles deviam ter cavado um buraco sobre o caixão. Eu me apavorei com a ideia.

– Meu Deus!– gritei – Acuda-me!!!

Mas de nada adiantou meu pedido de socorro. Ninguém me ouvia, nem Deus.

Senti caírem sobre minhas feridas farelos de madeira apodrecida. Estavam quase furando o caixão e logo entrariam em seu interior. E isso aconteceu.

Foi um horror! Eles estavam famintos, e eram muitos. Lançaram-se sobre mim com uma fúria indescritível. Eram dezenas deles.

Sentia minhas carnes sendo arrancadas pelos seus dentes afiados.

Aquilo era o inferno! Se ele realmente existia, eu estava vivendo os seus horrores. Clamava a Deus que me matasse de uma vez. Não sabia como ainda estava vivo. Clamei, e não fui ouvido.

Desisti de clamar a Deus e aos santos.

Para quê, se não era ouvido?

Uma revolta intensa tomou conta de mim. A dor insuportável não era menor que o ódio. Odiava minha esposa, meu sogro, os índios e o negro. Tudo eu odiava. Maldita humanidade que permitia tal sofrimento a um ser humano!

Os ratos se fartaram do meu corpo. Sentia suas presas rasparem meus ossos para lhes arrancarem até as últimas lascas de carne. Como doía! Quantas lágrimas derramei de dor, desespero e pavor! Já sentia todos os meus ossos expostos e eles insistiam em roê-los.

Quanto desespero, meu amigo. Já não pensava em mais nada, além do meu estado. Cheguei a blasfemar contra Deus e os santos por me deixarem ali, preso e paralisado.

Quando as presas dos ratos insaciáveis tocavam meus ossos, eu urrava de dor e, sim, no desespero, gritei com toda a minha voz: se Deus não me ajudava, então que o demônio viesse em meu auxílio!

Por que fui falar uma coisa dessas naquele momento? Pouco depois, os ratos começaram a guinchar horrivelmente.

Não atinei com o pavor dos roedores, até ver uma enorme cobra no meio deles. Muitos conseguiram fugir pelo buraco por onde haviam entrado, mas outros foram devorados por ela.

Logo, uma outra cobra da mesma espécie começou a descer pelo buraco. Era um pouco maior que a anterior. Os ratos que conseguiram subir pelas paredes do caixão guincharam de medo e não voltaram mais. Quanto aos que ficaram, as cobras os matavam.

Era um horror as cenas a que eu assistia. E aquelas cobras rastejando sobre meu esqueleto, então? Como era tétrico aquele contato com elas! Quanto medo eu sentia! Já não ligava mais para a dor, pois o pavor era maior.

O que mais restava me acontecer?

Malditos, sogro e esposa, que me haviam enterrado vivo!

Vi as cobras comerem alguns ratos, depois se enrolarem, uma de cada lado de mim, e dormirem. Por quanto tempo, não sei dizer até hoje. Depois, uma delas começou a rastejar rumo ao buraco de saída, passando sobre meu esqueleto.

Já estava paralisado há tempos e procurei não me mover, como se isso fosse possível, pois eu era só ossos. Não havia roupa alguma a cobrir-me. Tudo havia sido roído pelos ratos.

Mais tarde, a outra cobra saiu também. "Melhor assim", pensei.

Engano meu, pois os ratos voltaram. Não tantos como da outra vez, mas o desespero tomou conta de mim novamente.

Era uma armadilha das duas cobras, que pouco depois retornaram para atacar os ratos. "Têm nova refeição, fresca", pensei.

Depois da refeição, dormiram sobre meu esqueleto; uma delas se aninhou entre minhas pernas e a outra sobre meu tórax. Aquilo era o máximo de pavor que eu poderia sentir. Estava a um palmo de minha boca e minhas narinas sentiam o seu cheiro peçonhento.

A proximidade era tanta que eu temia respirar muito forte e acordá-la. Fechei os olhos, mas de nada adiantou, pois a continuei vendo.

Mais tarde, não sei quanto tempo depois, ela começou a mover-se. Passou sobre minha cabeça, senti seu corpo escamoso deslizar sobre meu rosto e não movi os lábios para não provocá-la. Lentamente, foi indo para os meus pés.

A outra cobra se mexeu também, emitiram um som que, logo descobri, era um chamado para o acasalamento, e iniciaram o macabro ato sexual.

Eu assistia a tudo, estarrecido: não era possível que aquilo tudo estivesse acontecendo comigo.

As cobras saíam e, quando algum rato entrava, elas vinham comê-lo. Isso já tinha se tornado rotina.

Algum tempo depois, a fêmea pôs uma ninhada de ovos, o que me apavorou mais ainda. Aquele buraco iria transformar-se em uma ninhada de cobras. Acho que preferiria os ratos.

Logo, os ovos começaram a partir-se e saíram pequenas cobras. Mal haviam nascido e já rastejavam sobre o meu esqueleto. Vi uma delas alojar-se no meu pescoço.

Alguns dias depois, famintas, picavam meus ossos na tentativa de comer algo. E como eram doloridas as picadas!

De vez em quando, uma delas, após muito esforço, conseguia sair do buraco. Para mim, foi um alívio quando todas saíram. Até as duas grandes se foram. Assim, pude me acalmar um pouco. Consegui até dormir. Por quanto tempo não sei, mas acordei assustado quando senti as cobras rastejando sobre mim.

Dei um grito de pavor quando vi a bocarra de uma delas próxima à minha boca. Acho que ela não ligou para meu grito, pois abaixou a cabeça e envolveu meu pescoço. Era mais do que eu podia suportar. Comecei a sufocar com a pressão.

– Maldita enviada dos infernos! – gritei, cheio de medo e ódio.

Não podia mais suportar aquilo. Minha revolta tinha uma finalidade: queria que ela me desse um picada mortal. Somente assim eu poderia me libertar de tão medonho pesadelo.

Mas ela nada fez, o que me revoltou mais ainda. Voltei a xingar e a blasfemar:

– Malditos índios e maldito casamento dos infernos, que me conduziram a este pesadelo! Os céus me esqueceram, os infernos nem ligam para mim. Clamei a Deus e não fui ouvido. Clamei ao diabo e também não fui atendido. Que maldição recaiu sobre mim? E estas serpentes, acaso gostaram do meu inferno pessoal?

Minha revolta levou-me à loucura. Eu gritava, em desespero, mas sabia que ninguém me ouviria. Seria tudo em vão.

De repente, uma voz me assustou:

– Quem está aí embaixo?

– Ajude, por favor! – clamei.

– Quem é você e o que faz aí embaixo?

– Sou o Barão de tal e fui enterrado vivo aqui.

– Há quanto tempo está aí?

– Não sei. Perdi toda a noção do tempo. Parece uma eternidade. Pode me tirar daqui?

– Sob certas condições, eu o tirarei rapidamente.

– Que condições? – assustei-me.

– Você não tinha escravos há tempos atrás?

– Sim, muitos. Mas, o que isso tem a ver com sua ajuda?

– Simples, Barão. Você será mais um dos meus escravos.

– Eu, um Barão, um nobre, ser seu escravo? Nunca! Prefiro conviver com as cobras.

– Você é quem sabe, idiota! Não voltarei aqui novamente quando ouvir seus gritos de horror. E olhe que estou vendo mais cobras entrando no buraco em que você está aprisionado.

Era verdade! Vi entrarem diversas delas naquele instante, cada uma mais horrível que a outra.

– Tire-me daqui, pelo amor de Deus! – exclamei.

– Não fale esse nome, idiota. Não você, que blasfemou contra Ele. Não tem esse direito, esquelético asqueroso!

– Não importa por quem seja, mas tire-me daqui!

– Somente sob aquelas condições. Do contrário, que fique aí por toda a eternidade, pois os do Alto já o excomungaram há muito tempo.

– Aceito suas condições, mas tire-me daqui, por favor!

– Está bem, vou tirá-lo. Segure em minha mão e eu o puxarei para cima.

– Não posso mover-me. Estou paralisado.

– Vou agarrá-lo e tirá-lo num instante.

Naquele momento, vi um semblante chegar até mim. Era horrível a sua aparência. As unhas eram longas e curvas. Não era uma mão humana, mas, sim, a de um cadáver descarnado. Pegou num dos meus braços e puxou-me num golpe só. Atravessei a terra e fui colocado em pé.

Estava duplamente paralisado. Uma era a paralisia que me atingira há tempos, e, a outra, provocada pela aparência dele: era um esqueleto enorme, vestido com um longo pano negro. Tinha, na cintura, uma longa espada com uma pequena caveira no cabo. Na cabeça, um elmo usado pelos cruzados. O rosto era só o crânio. Não havia olhos, boca, nada enfim.

Eu fiquei paralisado com tão grotesca figura e ele deu uma gargalhada cadavérica. Sim, aquela foi mesmo uma gargalhada cadavérica.

– Está assustado com minha aparência, estúpido?

– Sim! Estou, sim! – disse, trêmulo.

– Pois olhe-se neste espelho, idiota!

Dei um grito de horror quando me vi no espelho. Eu também era um cadáver, um esqueleto igual a ele. Demorei um pouco para reequilibrar-me.

– O que houve comigo? Quem é você?

– "Você", não! A partir de agora, trate-me por amo ou senhor. Aceito apenas um dos dois. Você morreu, estúpido! Não percebeu ainda que é impossível alguém viver sem carne ou vísceras? Sem ar para respirar, como você viveu sob o solo? Olhe à sua volta!

Olhei.

– Estamos num cemitério. Olhe ali o seu túmulo.

Virei-me e vi uma placa com a seguinte inscrição: "Barão de tal. Nascido em 1716 e morto em 1764".

– Eu morri?

– É mais estúpido do que eu imaginava. Sim, idiota, você morreu há quatro anos. Já estamos em 1768.

– Impossível! Você está me iludindo!

– Eu, iludindo-o? Como acha que ainda pode falar comigo após tanto tempo sob o túmulo?

Comecei a pensar. Sim, aquilo tinha sentido! Não poderia ter sobrevivido sob aquele túmulo, pois morreria asfixiado.

– Isso mesmo, idiota! Teria morrido asfixiado mesmo. E foi o que aconteceu: jogaram-no aí e não notaram que ainda vivia. Mas quem morreu foi sua carne, não seu espírito.

– Você, digo, o senhor ouve meus pensamentos?

– Sim. Isso é para você saber que sou o seu amo e senhor.

– Meus Deus, que horror! Transformei-me num esqueleto!

Ele me deu uma chicotada violenta. Eu não tinha visto o chicote em sua garra direita.

– Por que me bateu?

– Não vê que fomos esquecidos por Ele? Aqui não O aceitamos e não falamos d'Ele em hipótese alguma. Nunca mais pronuncie esse nome. Não vê que foi amaldiçoado por Ele? Será que não percebe que foi abandonado por todos? Alguém veio rezar em seu túmulo? Acaso acenderam uma vela em sua intenção?

– Eu nunca ouvi ninguém vir até aqui.

– Onde estava sua amada, ou os outros que herdaram sua fortuna, que não se lembraram de você?

– Mas, se eu estava morto...

– Você não mandou rezar missas para seus pais?

– Sim, foram diversas em intenção de suas almas.

– Então?

– Sim, somos amaldiçoados. Ninguém se lembra de nós.

– E onde estará ela agora, senhor?

– Como vou saber? Não saio deste cemitério. Talvez, como agora é noite, ela esteja nos braços de alguém, amando-o – e tornou a dar uma de suas gargalhadas tétricas.

Eu fiquei a pensar: sim, quem sabe se ela tivesse mandado orar uma missa em minha intenção, talvez algum anjo viesse me ajudar.

– Acha mesmo possível isso, idiota? Que anjo se dignaria a vir até essa imundície em que você se achava? Acaso você não orou por isso?

– Sim, orei muito!

– Foi ouvido?

– Não, creio que não. Cansei de orar a Deus e não fui atendido.

Novas chicotadas.

– Já lhe falei para não pronunciar esse nome aqui, idiota! Nós, os abandonados, O detestamos. Se Ele não quis nos amparar após nossa morte, também não O aceitamos como nosso Senhor.

– E quem é o senhor aqui?

– Eu sou o senhor aqui, e isto é o que lhe interessa saber por enquanto. Agora vamos, pois tenho mais o que fazer, além de ficar conversando com um idiota como você.

– Não sou um idiota. Em vida, fui um barão respeitado!

– Tão respeitado que veio para o inferno quando morreu. É um idiota mesmo. Ainda não tomou consciência do seu estado de escravo.

– Não sou escravo de ninguém. Sou um barão e quero ser tratado como tal!

Ele levantou a mão, digo, a garra esquerda, e fui lançado novamente à cova, em meio às cobras, que cravaram sua presas em meus ossos. Como ele conseguiu, não sei, mas tremi de pavor, e a dor era tanta que pedi clemência:

– Senhor, amo meu, tire-me daqui, que serei seu escravo para sempre!

– Jure, pelo das Trevas, que não irá mais me desobedecer ou desafiar!

– Eu juro, pelo que reina nas Trevas, que o servirei para sempre.

– Assim é melhor, escravo.

E fui arrancado novamente do túmulo, ainda com uma das cobras com as presas cravadas em meu braço, digo, osso do braço. Ele a apanhou e ela não lhe fez nada. Enrolou-se em seu braço esquerdo e ficou olhando para mim.

– Agora você sabe quem manda aqui, idiota. Siga-me.

Eu andava com o esqueleto travado. Não conseguia articular os ossos.

– Isso passará com o tempo, escravo.

– Posso fazer uma pergunta, amo?

– Faça, escravo.

– Todas as cobras eram como essa, digo, não de carne e ossos?

– Não. Quando você clamou pela ajuda dos infernos, as duas que entraram em sua cova eram vivas, não espíritos caídos.

– Mas como isso foi possível?

– O que queria? Acaso pensa que nas Trevas existem anjos ou socorristas? O inferno respondeu ao seu pedido de ajuda. Enviou as cobras para acabarem com os ratos que o devoravam. Seu pedido foi atendido, escravo.

– Entendo. Mas, por que desta vez foram estas que vieram?

– Você adormeceu. Poderia ficar dormindo por séculos, mas, como alguém das Trevas quis assim, você foi despertado para nos servir. E não adianta fugir, pois você estará sempre nas Trevas. Aonde quer que vá, eu o verei.

– Entendo.

– Assim é melhor. É bom que se mostre menos idiota do que realmente é, pois senão vai ser pior para você, Barão.

– O senhor me chamou de Barão?

– Sim, você foi um nobre, eu também o fui. Chame-me de Príncipe e nos entenderemos melhor, Barão.

– Um príncipe! Isso é ótimo; nós, os nobres, nos entendemos melhor que a plebe. De onde era, Príncipe.

– Da França. Eu, em vida, fui um príncipe da corte francesa. Morri durante uma cruzada.

– Mas, como um cruzado, que lutava pelos ideais cristãos, veio parar nas Trevas? Como isso foi possível?

– Só porque matei algumas centenas de miseráveis, fui abandonado aos infernos. Não entendi mais nada depois. Fui incentivado a ir à Terra Santa lutar por um ideal e, quando morri, fui jogado nas Trevas. Aqui, pelo menos, sei que luto por um ideal que conheço.

– E qual é o ideal?

– Isso você saberá com o tempo, Barão! Agora, cale-se!

Eu o segui até uma campa. Ao lado havia um mausoléu.

– Você, espere aqui nesta campa, que eu vou entrar. Mais tarde, alguém virá buscá-lo. Fique de guarda.

ASSEMBLEIA SINISTRA

Fiquei sem saber o que fazer. Já era madrugada quando um ser de aparência horrível surgiu na porta do mausoléu e me chamou.

– Siga-me, Barão. O Príncipe mandou buscá-lo.

Eu o acompanhei, descendo os degraus com dificuldade, pois era-me difícil articular as pernas. E a escada era interminável.

Algum tempo depois, vi um portal negro, guardado por dois antigos soldados romanos. Tinham uma aparência que impunha medo a quem os visse.

O meu guia falou algo e um deles abriu o portal. Entramos e eles o fecharam às nossas costas, com estrondo. Chegamos a uma sala escura, onde algumas tochas iluminavam o ambiente. Era bem espaçoso o lugar. Caminhamos até uma porta vermelha, na qual o guia bateu de modo irritado. Alguém veio e, por uma portinhola, me perguntou:

– Barão, quer entrar na nossa assembleia ou voltar à sua tumba?

Só de pensar no horror que havia passado, gelei.

– Não quero voltar àquele lugar horrível. Quero entrar na sua assembleia.

– Lembre-se de que, após esta porta, não haverá retorno: ou servirá ao Príncipe, ou sofrerá as consequências.

– Já me decidi. Quero entrar!

– Não poderá pronunciar nenhum dos nomes de lá de cima.

– Já sei disso. Já fiz um juramento pelo que reina nas Trevas.

– Pois, então, seja bem-vindo à nossa assembleia.

E ele abriu a porta. A visão do grande salão me imobilizou. Aquilo era o inferno e eu ia adentrá-lo. Sem coragem de retornar à minha tumba, fiquei sem saber o que fazer.

– Aproxime-se, Barão. Nós estamos ansiosos para conhecê-lo! – falou um ser demoníaco, sentado num trono.

Como eu não conseguia me mover, fui atirado aos seus pés. Tentei levantar-me, mas uma chicotada manteve-me no solo.

– Quieto, idiota. Você só vai levantar quando assim for ordenado!

E recebi uma outra chicotada. Os entes infernais se divertiam à custa de minha dor. "Quanta estupidez", pensei, e aquilo foi algo que eu não devia ter pensado.

As chicotadas foram tantas, que nem me lembro de quanto apanhei. Quando o carrasco parou de me chicotear, o Príncipe falou:

– Eis aí o novo escravo que adquiri, Maioral. Caso o queira, eu lho dou de presente.

– E para que eu iria querer um inútil como ele? Só sabe chorar e clamar por socorro. Coragem não possui e, além do mais, se julga um infeliz por estar aqui. Para mim não serve. Fique com ele, Príncipe. Faça o que bem entender com esse traste inútil.

– Posso oferecê-lo aos outros membros, Maioral?

– Sim, Príncipe. Quem sabe alguém possa usá-lo.

– Então, vou leiloá-lo, Barão! É um escravo mesmo. Talvez consiga algo interessante por você.

E ele me ofereceu a todos aqueles seres horríveis. Muitos ofereceram pessoas vivas em troca; outros, riquezas ocultas e muitas coisas que não vou citar. A tudo o Príncipe recusou. Somente aceitou quando um ser com aparência de uma grande cobra ofereceu-lhe uma linda jovem.

O ser com cabeça de cobra levou a moça até o Príncipe e este a agarrou, todo feliz. O que fez não vou dizer-lhe, mas fiquei chocado. Foi passada uma corrente em meu pescoço e fui entregue ao réptil.

Gritei que não era justo, pois eu havia entrado ali para livrar-me das cobras e novamente ia para junto delas. Tornaram a chicotear-me e, por precaução, calei-me. Era melhor aguardar os acontecimentos.

Logo a assembleia terminou e todos foram se retirando. O Príncipe continuava com a jovem e ela já não era mais a mesma: ele havia esgotado toda a sua juventude em pouco tempo.

Quanto a mim, fui arrastado por meus novos donos, que entraram por uma porta negra e me levaram junto.

Não sei quanto tempo demorou, mas quando chegamos a um lugar fétido, fui acorrentado a uma parede com argolas. O tempo não contava ali.

Um dia fui levado até o amo.

– Venha cá, escravo. Tenho um trabalho para você. Alguém pediu ajuda e pagou bem por isso. Você irá executar a tarefa para mim. Caso falhe, minhas cobras o atacarão.

Em alguns segundos, fui conduzido até onde tinha de fazer o trabalho. Um daqueles que me guiavam explicou qual era a tarefa: eu teria de induzir uma jovem a entregar-se a um homem de aspecto asqueroso. Ou fazia o trabalho, ou as cobras me atacavam.

Procurei saber como agir e recebi instruções. Foi até fácil a tarefa, pois eu agia no subconsciente da moça e ela não tinha forças para resistir aos calafrios do homem.

Assisti a tudo, e até me excitei com aquelas cenas.

Por diversos dias agi daquela forma, até que ela se tornou dependente dele e, quando o homem asqueroso já tinha domínio sobre ela, fui levado de volta.

– Muito bem, Barão! Trabalhou bem. Vamos! Hoje iremos receber uma oferenda e você poderá participar.

Eu fui, acorrentado, até o lugar. Novamente, chegamos em instantes. Vi uma bruxa velha fazer uns riscos no chão, chamar meu chefe e dar-lhe alguns presentes. Ele colheu no astral a sua parte e o resto os outros pegaram. Fiquei de fora, pois temia incomodá-los.

– Vamos, Barão! Não tema! Ninguém irá molestá-lo na minha presença!

Consegui pegar algo para mim, sem que ninguém se importasse.

– Venha, Barão! Tenho um trabalho especial para você.

Eu o segui. Já não era arrastado, mas ainda continuava com a corrente no pescoço.

Pouco depois, estávamos em um castelo, num quarto, com uma bela moça.

— Olhe, Barão! Esta jovem tola quer entrar para uma ordem religiosa, e o pai quer casá-la com um homem de muitas posses. Quero que você a faça sentir tanto desejo, que acabe desistindo da ideia e aceite casar-se com o homem. Se conseguir, tirarei a corrente do seu pescoço para sempre!

Tal ideia me animou e eu trabalhei com afinco. Em poucas semanas ela aceitava o casamento. Novo presente: a libertação da corrente e ainda um elogio!

— Barão, você é o melhor no assunto! Vou promovê-lo entre os que me servem!

E assim o tempo foi passando e eu subindo na hierarquia infernal. Um dia, até o Maioral me requisitou para servi-lo. Fiz um ótimo trabalho e, em troca, ganhei um medalhão para carregar no peito.

Outro trabalho bem realizado e novo presente: uma capa preta e um manto para cobrir meu esqueleto. A cada trabalho, uma recompensa: botas, punhais, moedas e até moças para serem minhas escravas.

Um dia, o Príncipe veio pedir a minha ajuda; eu o servi bem e ele deixou que eu mesmo escolhesse o presente.

— O que fez daquela jovem que foi trocada por mim, Príncipe?

— Ela havia praticado diversos abortos e foi lançada nas Trevas por seus crimes. Por quê?

— Eu a quero como presente, já que me foi permitido escolher.

— Eh, Barão! Ela já não é mais tão linda como naquela época. Duvido que alguém com um gosto refinado como o seu vá querê-la.

— Já escolhi, Príncipe. Cumpra sua promessa!

– Com muito prazer, Barão! Achei que pediria algo mais valioso. Até que me custou barato. Olhe que não aceito devoluções!

– Não se preocupe, Príncipe! Não a devolverei!

A um gesto dele, ela estava na minha frente.

– Como consegue isso, Príncipe?

– Você ainda não sabe como ter esses poderes, Barão?

– Não, ainda não aprendi.

– Pois vou ensiná-los, assim que tiver outro serviço para você.

– Obrigado, Príncipe! Você é muito generoso comigo.

– Gosto de você, Barão. Tem classe ao realizar os seus trabalhos.

Agradeci suas palavras a saí com a jovem. Ela era só pele e ossos, pois toda a sua energia vital lhe fora subtraída. Com o passar dos dias, seu aspecto começou a melhorar e, pouco a pouco, foi se refazendo.

Aprendi muitas coisas com o Príncipe. Ele era mesmo um mestre em tudo, e, após algum tempo, eu sabia tanto quanto ele.

Em pouco tempo obtive, com o meu amo, a liberdade, e fui admitido na assembleia dos maiorais. Já era aceito como um deles. Consegui ainda outras escravas e fui formando minha falange, só de moças, uma mais bela que a outra. De fato, eu tinha um gosto refinado.

Eles não sabiam, mas eu tentava ajudar as moças para compensar aquelas que, um dia, quando ainda na carne, havia arruinado.

Instalei-me nos subterrâneos de um velho castelo. Ali, minha falange crescia. Usufruía dos prazeres restritos de um espírito das Trevas, mas também doutrinava todas elas.

Tinha longas conversas e mostrava o porquê de serem escravas das Trevas. Não maltratava nenhuma e, no fundo, tinha pena delas. Estavam ali por não terem tido uma boa escola ou uma boa orientação.

Eu as educava e comecei a ser chamado de professor. Sim, Professor da Meia-Noite, pois era agora um dos guardiões da meia-noite. Nessa hora, éramos invocados pelos magos negros ou bruxas, para realizar seus pedidos imundos.

Eu os olhava com nojo. Eram piores que nós, servidores das Trevas.

Minhas moças só realizavam tarefas limpas. Como eu tinha muitas ao meu lado, podia tirar dez de alguém, quando isso era pedido, mas, logo depois, devolvia vinte no lugar das dez.

Assim, eu satisfazia o pedinte e, mais à frente, devolvia o dobro à vítima das magias negras.

Nunca aceitava trabalhos sujos, ou seja, que fossem prejudicar seriamente alguém. Supria minhas escravas com tudo do bom e do melhor. À primeira delas, elegi como minha Princesa. Ela me acompanhava por todos os lugares.

Comecei a capturar escravos nas covas. Os esquecidos da Luz, eu os pegava para mim, sempre que possível. Em alguns anos, minha falange era enorme, e eu já era um dos mais respeitados guardiões da meia-noite.

Todos os entes das Trevas me temiam, pois eu era muito sério e não tolerava ofensas. Quem tocasse em minha falange, era aniquilado e escravizado. Na assembleia, até o Príncipe me respeitava. Apenas o Maioral era superior a mim, mas também não abusava de minha reputação.

Eu era temido e era isso o que importava.

No astral negro, eu era um dos grandes no ponto da meia-noite.

Eu era o Professor da Meia-noite, e ponto final!

Por volta de 1850, fui informado pela minha Princesa de que quem eu procurava se encontrava no Brasil, e instantaneamente vim para cá.

Queria vê-la e saber de toda a verdade. Quando ela me mostrou o lugar, vi que não podia entrar: era uma igreja. Que azar! Como falar com ela?

Fiquei por perto alguns dias, mas não a vi, então, voltei ao meu castelo, para junto de minha falange.

– E então, Barão? Conseguiu vê-la?

– Não, Princesa. Não posso entrar em uma igreja. Isso seria o meu fim como guardião.

– Barão, você me ajudou um dia, quando me tirou das garras do Príncipe. Tenho uma dívida com o senhor. Se quiser, eu consigo um encontro com ela.

– Como, Princesa?

– Confia em mim?

– Sim. Se não confiasse, não a teria ao meu lado por tanto tempo.

– Vou ausentar-me por uns dias. Quando tiver conseguido o encontro, venho buscá-lo. Está bem assim?

– Para mim está ótimo, Princesa!

E ela partiu num piscar de olhos. A Princesa era leal. Como conseguiria, eu não sabia, mas confiava nela.

A Princesa veio ao Brasil e foi direto a um cemitério levantar um morto recente. Ela sabia onde conseguir o que precisava. Apanhou um velho, que não era um grande devedor da Lei Maior, e fez com que ele entrasse na igreja à procura de minha antiga esposa.

Levava um recado da Princesa.

– Eu fui mandado para convidá-la, senhora. O Barão quer vê-la.

– Que Barão? Não conheço Barão algum!

– Eu não sei quem é esse Barão, madre. Estou cumprindo ordens de minha senhora.

– Quem é sua senhora, alma pecadora?

– Por que não vai vê-la? Assim saberá quem é o Barão!

– Onde está ela?

– Acompanhe-me, madre. Eu a conduzirei até ela.

A madre o acompanhou até um cemitério próximo e foi levada até minha Princesa. Quando a viu, assustou-se.

– Você, ente das Trevas, é a tal Princesa?

– Sim, sou a Princesa do Barão.

– E quem é o tal Barão?

– Ele foi seu marido por algum tempo, muitos anos atrás.

– Ah, sim! Agora me lembro! Como ele está?

– Muito bem! Ele quer vê-la. Tem muita necessidade de falar com a senhora.

– Então, diga a ele para vir até a igreja falar comigo, pois se vocês souberam onde me encontrar, ele também deve saber.

– O Barão não pode entrar numa igreja. Ele serve ao que reina nas Trevas.

– Vejo que ele não mudou nada, apesar da morte horrível que teve.

– Isso eu não sei, madre, mas ele pensa muito na senhora. Por que não fala com ele?

— Eu o receberei na igreja. Lá poderemos conversar à vontade, sem ninguém para impedir.

— Eu já lhe disse o motivo pelo qual ele não pode entrar numa igreja.

— Isso é problema dele, não meu. Além do mais, eu não desejo vê-lo nem falar com ele. Adeus, Princesa das Trevas. Procure não usar mais os que caíram para servi-la. Eles também são filhos de Deus. Apenas não sabem disso. Outra coisa, Princesa, não quero mais ser incomodada por você ou pelo Barão.

— Ele não vai gostar de saber que eu falhei nesta missão tão importante para ele.

— Isso é problema de vocês! Resolvam-no vocês, das Trevas. Adeus!

Minha Princesa nada respondeu. Logo estava perto de mim novamente. Após relatar o diálogo, fiquei furioso.

— Então, ela entrou mesmo para um convento? Que estúpida! Não podia ter esperado por mim?

— Acho melhor esquecê-la, Barão. Ela está muito velha e não é mais a jovem bonita de quem o senhor falou.

— Não é pela beleza que eu queria vê-la, mas para esclarecer algumas coisas do passado.

— Ela não virá vê-lo em hipótese alguma, Barão. Pareceu-me uma mulher muito triste.

— Você viu alguma auréola sobre a cabeça dela?

— Não, senhor, mas o que tem isso a ver?

— Somente aqueles que têm uma auréola sobre a cabeça não sofrem por ligações com o plano terrestre. Tome cuidado com os que a tiverem, Princesa, pois se levantarem a mão direita em sua direção, você será fulminada por uma luz mil vezes mais quente que o fogo.

– E qual a razão disso, Barão?

– São missionários do terceiro plano. Não os desafie, pois irá se arrepender.

– E se pedirem algo?

– Eles não pedem, ordenam. Faça o que lhe ordenarem e se afaste o quanto antes.

– Vou observar isso de hoje em diante, Barão.

– Faça isso e não terá problemas, Princesa. Vamos nos divertir um pouco, pois estou magoado com a recusa de minha madre.

Ela sorriu com minhas palavras:

– Gosto de seu jeito, Barão. Tem muita classe e um estilo que ninguém mais possui.

– É a origem nobre, Princesa. Tive de levar muitos à morte para adquiri-lo.

Ela não entendeu o que eu quis dizer, mas que importava isso, afinal? Era só mais uma das vítimas dos erros cometidos por ignorância das leis que regem a Criação. Eu também me julgava uma vítima dessas leis.

Com a recusa de minha esposa em falar comigo, tornei-me pior. Aproximei-me de outros guardiões das Trevas; envolvi-me com todos os tipos de rituais negros; agia, com minha falange, por todo o astral inferior. Atendia pedidos de mestres chineses, monges tibetanos, gurus indianos, mulás islâmicos, rabinos iniciados nas magias, magos orientais, padres adeptos de rituais negros, feiticeiros africanos, chefes de Estado, reis e príncipes, grandes mestres da Maçonaria, e todos os que me invocavam. Eu era o senhor do ponto da meia-noite. Em pouco tempo, somente a minha presença já resolvia muitas lutas astrais.

Eu era um dos mais temidos guardiões das Trevas. Fui um dos poucos a conseguir descer até o fundo do abismo e tornar a subir com a mesma facilidade.

Tive acesso aos livros negros das Trevas e conheci todos os seus mistérios. Mesmo eu, o senhor da meia-noite, assustava-me com o que lia. Aquilo contrariava tudo o que havia aprendido na carne e em espírito.

Descobri que eu, um guardião todo-poderoso, não passava de um mero instrumento da Lei Maior.

– Espere um instante, meu amigo – interrompi sua fala nesse momento. – Poderia falar um pouco sobre essa tal descoberta?

– Posso, sim. Quando fui iniciar-me na assembleia dos guardiões, não tinha noção do que significava aquilo. Fui porque não tinha alternativa. Ou me iniciava, eu continuava escravo do ser com a cabeça de cobra. Antes ser senhor que escravo. Nas trevas só há dois modos de vida: ou você serve ou é servido. Melhor viver assim do que viver no meio termo.

– O que quer dizer com isso?

– O umbral, ou purgatório, é um lugar onde não impera lei alguma. Foi ali que fiquei por muitos anos, até sair da cova. Aquilo é o nada. Você não tem noção de tempo ou espaço e nada existe além do tormento do espírito. Como eu era um grande devedor da Lei Maior, não havia retorno: ou descia mais um pouco, ou enlouquecia.

O umbral é isso, meu amigo: o esquecimento da Lei. Vi espíritos vagando por lá durante séculos. Perdem toda a fé e a esperança. Ali não vai ninguém para socorrê-los; cada um tem de achar sua própria saída. Não lhe lançam uma escada para se elevar; você tem de construir sua própria escada.

Existem, ali, alguns agrupamentos de espíritos socorristas muito fechados. Eu mesmo conheço muitos desses locais.

– Não saem em busca das almas ou espíritos que vagam sem rumo?

– Quem lhe falou isso?

– Li em um livro.

– Conversa fiada para iludir incautos. O que falaram ou descreveram não foi um umbral ou purgatório como nós, os guardiões, conhecemos muito bem, mas, sim, as camadas de atração de almas pouco devedoras. Essa é uma região onde andam livres todos os tipos de espíritos. Na faixa vibratória a que chamam de umbral ou purgatório, o espírito pode ir aonde quiser sem que ninguém o incomode, ou seja, pode agregar-se a quem quiser.

Porém, o acesso ao verdadeiro umbral somente a Lei determina. Você não vai para lá; aquilo é apenas uma continuação do modo de viver, pensar e agir de quando se estava ainda na carne. Você não percebe que está lá. Pensa que ainda está vivo e não compreende nada do que realmente lhe aconteceu.

É essa zona de atração, ou camada "sobre" e não "sob" a crosta terrestre, que descrevem como umbral ou purgatório.

No verdadeiro umbral, apenas os guardiões penetram, tanto os da Luz como os das Trevas, e assim mesmo com certa cautela, pois lá não impera lei alguma. Essa região é habitada por aqueles que não pertencem nem aos céus nem aos infernos. Ali, nem os das Trevas entram, pois não têm direito sobre quem lá está. Só os idiotas, como eu, que clamam por eles, é que são tirados de lá por seus servidores.

– Isso que dizer...

— Sim, se eu tivesse mantido minha fé no Criador, com o tempo seria despertado do meu estado ilusório e resgatado para algum local adequado.

— Ou seja, tudo ali é uma prova para a fé de cada um, não?

— Vejo que você compreendeu o que falei.

— Muito interessante, pois contraria tudo o que sei sobre o umbral.

— É isso mesmo. Ali ninguém o ajuda porque não é permitido. Quem disser o contrário, está mentindo ou não conhece o verdadeiro umbral.

O Criador prova a cada um que Ele existe, e todos os que têm alguma dúvida conhecem o umbral, ou zona neutra, onde a Lei reina implacável. Você é provado a cada segundo, até as raias da loucura. Apenas os que enlouquecem não definem um rumo. Permanecem ali por séculos e perdem a noção de tudo.

Há três saídas para aqueles que são condenados ao purgatório: ou sobem, ou descem, ou permanecem.

De vez em quando, uma força misteriosa agita o umbral. Não é visível para o mais iluminado dos espíritos nem para o mais poderoso ser das Trevas. Sabemos disso porque, numa dessas agitações, nós estávamos lá.

Essa força misteriosa colhe milhares de espíritos, computa-os dentro de um envoltório luminoso e os leva a um lugar que desconheço. De lá, são imediatamente conduzidos à reencarnação, sem noção alguma do que lhes ocorreu desde o momento em que essa luz misteriosa os tinha envolvido.

— Como sabe que vão para o reencarne?

— Li nos livros negros. É por isso que lhe disse que lá nem os das Trevas mandam.

– Como você entra nesse lugar?

– Não entro. Sou chamado ou mandado, não importa. O umbral não é um lugar, é um estado de espírito mental. Ali você ouve de tudo. É uma região alimentada por vibrações mentais. Eu, na minha cova, estava no umbral e não sabia.

– É mais complicado do que parece à primeira vista.

– Muito mais, Taluiá. Na verdade, toda essa região é pura criação de mentes combalidas pela dor de seus corpos e almas. Imagine um pesadelo e você terá um noção do que é o umbral. Cada um o vê à sua maneira e encontra nele os monstros particulares que alimentou durante sua passagem pela carne. O umbral é a materialização dos medos do subconsciente de cada um. Percebe o que estou lhe explicando?

– Melhor impossível. É uma zona em constante mutação.

– Vejo que entendeu o que falei.

– E quanto à minha indagação inicial?

– Sobre minha descoberta? Foi o acaso, se é que ele existe, que me conduziu a essa dedução. Sou um guardião, alguém é superior a mim na hierarquia, depois outro é superior, e assim por diante. Conclusão: você, na verdade, não manda, mas é comandado, e basta fazer o que o seu superior permite e espera que você faça.

– Ainda não ficou claro para mim sua explicação, meu amigo.

– É muito simples. Um dia, causei muitas mortes e fui imediatamente julgado culpado. Dali em diante, tudo foi consequência do meu erro. Alguém lá de cima, ou de baixo, já sabia do meu erro, e qual a pena apropriada. Eu apenas me guiei no caminho em que a Lei Maior me colocou.

Não adiantou, ainda em vida, eu me arrepender. Tinha errado e iria pagar. Fiquei reduzido a este esqueleto atado ao meu corpo. Posso me metamorfosear como um camaleão, mas sou uma caveira. Isto não posso negar para mim mesmo. Então, que adianta tentar ocultar? Aqueles que conhecem a verdadeira natureza das almas sabem por que fui reduzido a este estado. Meus crimes estão anotados nos dois livros, no branco e no negro, e é o que importa. É por isso que não escondo o que sou.

– É um ato nobre de sua parte, meu amigo.

– Eu diria que, simplesmente, aceito as coisas como são e nada faço para dissimular meu estado.

– Bem, acho que já interrompi demais sua história, mas agora sei um pouco sobre o outro lado.

– Então, como eu dizia, não passava de um instrumento da Lei. Estudei os livros, em sua maioria, e aprendi que nós somos uma sucessão de erros e acertos. Se fazemos o bem, nada de mal nos advém no futuro; mas, se erramos, pagamos. Se fizermos o mal, com o mal seremos pagos, e assim por diante.

– Isso eu já conheço.

– Sim, eu sei, mas talvez não saiba que céu e inferno só existem para quem os procura.

– Como assim?

– Encontrei, nas Trevas, espíritos que já foram grandes luminares da humanidade e que, em uma encarnação posterior, cometeram uma falha grave e foram purgar o erro nas Trevas.

– Isso é o pior que pode acontecer a alguém que já tenha conquistado um alto grau de espiritualização, não?

– Sim, e o inferno está cheio deles. Quantos homens e mulheres não criam um inferno particular a todo momento?

– É verdade.

– Eu criei o meu por causa de uma mulher. Foi por isso que tentei falar com ela. Se ela tivesse me ouvido, eu teria feito de tudo para mudar minha conduta. Mas não, ela não quis me ouvir nem ver. A consequência foi uma queda maior para mim. Eu só queria o perdão dela, nada mais. Será que eu estava querendo muito? Eu, um ente das Trevas, queria ser perdoado por um ente da Luz, e nem isso me foi permitido. Avancei nas Trevas e descobri tudo o que é permitido a alguém saber. Tornei-me um dos grandes nas Trevas.

– Como conseguiu isso em tão pouco tempo?

– Eu me impus uma organização implacável. Não admitia falhas em minhas hostes. Tanto isso é verdade, que fui um dos maiores guardiões da meia-noite. Ainda hoje, que já não comando mais, o nome "Barão" impõe medo e respeito. Um da minha linha não se mete em enrascada, pois sabe como agir e por que deve agir.

– Tudo por causa de suas descobertas nos livros negros, imagino.

– Isso mesmo. Você vê muitos guardiões da meia-noite por aí?

– Não. São muito raros.

– Sim. São muito raros porque, se o encarnado que for praticar alguma magia com o nosso nome não conhecer bem a quem está invocando, pode ser envolvido por nós. Quem nos invoca corre um risco duplo: ou é envolvido por nós agora, ou o será no futuro. É o preço da ignorância.

– Mas, isso me deixa preocupado...

– Eu ouvi seu pensamento, Taluiá. Nada tem a temer, pois vim para sua esquerda por vontade própria. Vim porque quis e não porque fui invocado para servi-lo, como muitos fazem por aí.

– Isso me tranquiliza um pouco.

– Bem, vou continuar minha narrativa, senão vamos perder o fio da meada.

– Então, continue, meu amigo. Não vou interrompê-lo mais. Sou só ouvidos, Guardião da Meia-Noite.

– Pois bem! Vi iluminados caídos e cheguei a uma conclusão: só aceitaria trabalhos que tivessem origem na lei do carma. Com essa decisão tomada, expandi minha falange até a zona do umbral. Conquistei milhares de adeptos, ou escravos, como quiser.

CONTATO COM SERES DE LUZ

Do velho castelo, eu reinava absoluto, ao lado de minha Princesa.

Ouvi sua indagação mental e vou esclarecer: sim, escolhi uma mulher que praticou muitos abortos e havia sido uma rameira quando na carne somente para continuar com seu trabalho.

Havia sido mulher de todos e de ninguém, sem moral, nem caráter, não era virgem nem pura ou santa. Não tinha nada a ocultar ou a mostrar. Era o que era, mas ficou ao meu lado porque eu a tirei das garras do Príncipe, pois ela também havia aprendido sua lição.

Não queria que a possuíssem, pois o Príncipe a possuiu e ela odiou. Hoje não aceita que ninguém a toque. Ai do idiota que tentar tal coisa! Pagará caro por isso.

Eu, por minha vez, aprendi minha lição. Nada de preconceitos tolos ou de exploração do sexo oposto. Nós dois estávamos conscientes do preço pago e por isso nos demos tão bem. Saiba que conduzimos milhares de mulheres para o bom caminho, tirando-as do caminho das Trevas.

– Como faziam isso?

– Nós as tirávamos do umbral ou da crosta terrestre e lhes mostrávamos o erro cometido. Alguns anos, ou décadas, nas hostes, eram o suficiente para elas conseguirem encaminhar-se para as regiões de luz.

– Por que fizeram isso?

– Por causa dos livros negros. Se o que estava escrito no livro negro também estava escrito no livro branco, então que se inscrevesse nos dois livros que um barão, que arruinou algumas mulheres, e uma mulher, que arruinou alguns homens, levantaram das Trevas e puseram no caminho da evolução milhares dos dois sexos.

– Mas sem ninguém lhes pedir?

– Para que esperar alguém pedir? Isso é hipocrisia, coisa de falso pregador. Quem quer fazer algo, é livre para tal. Não precisa esperar que alguém lhe peça. Simplesmente o faz, e pronto.

– E isso os ajudou?

– Sim, e muito. Mas não fizemos ou fazemos isso para sermos pagos por alguém ou receber uma comenda da boa conduta. Apenas achamos que temos uma dívida para com a humanidade, e nada mais.

– Vejo que tenho de aprender com você, Professor da Meia-noite.

– Acho que muitos poderiam aprender comigo para poupar o trabalho, tanto da Luz como das Trevas.

Mas, como eu dizia, nós fazíamos apenas trabalhos que estivessem de acordo com a lei do carma, e isso nos livrou de choques com a Lei. Eu, pessoalmente, nunca tive problemas com ela, o que me trouxe prestígio entre os guardiões dos outros pontos. Alguns até vinham aconselhar-se comigo.

Um dia, um ente da Luz se aproximou e pediu para falar comigo. Concordei em ouvi-lo, pois não temia à Luz, mas, sim, a respeitava. Muitos a temem até hoje, mas eu não.

Ele começou a falar:

– Guardião da Meia-Noite, tenho algo a lhe propor.

– Estou ouvindo, Ser da Luz.

– Meu nome é Cavaleiro da Estrela da Guia. Sou guardião da Lei símbolo da estrela.

– Eu o saúdo por seu grau, Cavaleiro da Estrela da Guia! Chame-me de Professor do Livro Negro, pois é assim que os meus me chamam. O que deseja de mim?

– Preciso de auxílio.

– Eu, auxiliá-lo, Cavaleiro? Como? Está em alguma encrenca?

– Não, mas com uma missão das grandes, e espero contar com sua ajuda. Tenho observado seu trabalho nas Trevas e acho que é o guardião ideal para tal missão.

– De que se trata, Cavaleiro?

– Gostaria de me acompanhar em uma viagem?

– Nada tenho a perder ou a temer; portanto, aceito! Mas, posso levar minha Princesa?

– Sim. Até acho bom que ela veja o que tenho a mostrar.

E minha Princesa veio para o meu lado. Como ela usava trajes sumários, o Cavaleiro deu um manto para que se cobrisse. Deu também dois colares com um diadema estranho.

– Isto é para que não sintam a mudança dos planos vibratórios nem interfiram neles.

– Nós os usaremos, Cavaleiro. Partiremos quando quiser.

– Então, vamos, Guardião da Meia-Noite.

Em segundos, estávamos num cômodo pequeno, cheio de imagens de santos católicos. Eu conhecia muitos deles, pois, quando na carne, via-os nas igrejas.

– O que é este lugar, Cavaleiro da Estrela da Guia?

– A casa de um benzedor. É um homem caridoso, e vive para os seus semelhantes. Nada pede em troca. Faz o que faz pelo prazer de fazer.

– Onde me encaixo na missão dele, Cavaleiro?

– Observe melhor e verá os que querem barrá-lo em sua tarefa.

Eu olhei, pois tinha tal poder, e vi diversos entes das Trevas no caminho do benzedor.

– Por que eles o perseguem, Cavaleiro?

– É por causa dos que ele ampara com sua fé.

– Só por causa disso?

– Sim. Não concordam que ele tente ampará-los na dor. Gostariam que caíssem de vez, e por isso vivem perseguindo-o. Analise quem foi o homem e verá se merece sua ajuda.

– Vou observar o passado dele, Cavaleiro.

Olhei e vi um caridoso sacerdote no passado. Avancei mais e vi um bom médico.

– É. Ele sempre viveu ajudando os semelhantes. Como posso ajudá-lo?

– Vindo aqui, de vez em quando, para limpar o astral dele a fim de que possamos ajudar os que aqui acorrem em busca de socorro. São espíritos encarnados que sofrem todo tipo de choques, tanto na carne como na alma. Se ninguém fizer algo por eles, acabarão trazendo para a vida terrena todas as agruras do inferno e isso é ruim. Precisamos de sua ajuda.

– Acho que será fácil. Conheço os tipos que o rondam. Há alguns que nunca vi, mas sei como agem.

– Posso contar com sua ajuda, não?

– Se um cavaleiro da estrela da guia aceita vir até esta choça para ajudá-los, um guardião da meia-noite também aceitará!

– Não haverá pagamentos ou recompensas, Guardião.

– Isso não me preocupa, Cavaleiro. Conheço meu lugar nas Trevas, mas isso não me impede de ajudá-los. Vou dar uma volta por aí e conversar com aqueles que o perseguem. Mais tarde eu volto.

Minha Princesa e eu saímos ao encontro deles. O diálogo não foi muito amigável.

– Quem são vocês, companheiros das Trevas?

– Que lhe interessa, idiota? – um deles perguntou.

Puxei minha espada e encostei em seu pescoço:

– Repita o que disse, maldito!

– Calma, companheiro, não precisa se alterar tanto.

– Pois saiba que vou degolá-lo se não pedir desculpas por ter me chamado de idiota!

– Eu não queria ofendê-lo, companheiro. Peço desculpa pela minha ofensa.

Guardei a espada.

– Assim está melhor. Quem é você?

– Sou um dos servidores do Grande Rei das Matas. E você?

– Sou o Guardião do Ponto da Meia-noite.

– Já ouvimos falar de você, Guardião da Meia-Noite. Eu o saúdo. O que quer conosco?

– Quero saber por que estão tentando prejudicar o homem lá na choça.

– Ele interferiu em um trabalho nosso.

– Entendo. Só que existe um problema.

– Qual é, Guardião?

– Prometi a alguém que iria defendê-lo e isso me põe em sua frente. Temos de acertar isso já.

– Nós recebemos a ordem do Rei das Matas. Somente ele pode dizer o que devemos fazer.

– Pois vamos falar com ele, agora.

Fomos, então, até ele, que me recebeu com frieza. Eu já o conhecia da assembleia. Não vou dizer a você o que discutimos ali, mas chegamos a um acordo. Os escravos dele foram afastados do caminho do benzedor.

Quando voltei, o Cavaleiro da Estrela da Guia me agradeceu pela ajuda.

– Não precisa agradecer, Cavaleiro. Fiz porque achei que devia fazer. Quando precisar de minha ajuda, é só chamar.

– Acho que vamos mesmo precisar de sua ajuda, Guardião. Não gostaria de vir aqui mais vezes, sem que precisássemos ir até você?

— Vou fazer melhor, Cavaleiro. Tenho muitos escravos e vou deixar alguns deles aqui, de guarda. Não entrarão na casa, mas não deixarão que outros entrem também. Se alguém tentar, eles me chamarão.

E, a uma ordem mental minha, uma falange surgiu instantaneamente. Ordenei que guardassem a choça e seu morador. Assim foi feito. Ninguém mais incomodou o homem.

Deixei uma falange grande, que impunha medo a qualquer um, pois esse era o meu modo de agir. Acho que solucionei o problema deles e o meu, afinal, eu tinha muitos escravos e precisava usá-los, enquanto eles, os da Luz, tinham muito trabalho e poucos servidores.

Conclusão: meus esqueletos começaram a evoluir. Isso foi no ano de 1864.

Hoje, cento e poucos anos depois, os entes daquela primeira falange já não existem mais como seres das Trevas, mas como espíritos de Luz, trabalhadores incansáveis sobre a crosta terrestre. Muitos deles, quando precisam de bons auxiliares para poder penetrar nas zonas negras, voltam até a antiga falange a que pertenciam e levam alguns para ajudá-los. É a evolução, meu amigo!

Procuraram-me muitas outras vezes e eu acabei me acostumando com esse procedimento: eles vinham, eu fornecia os escravos, mas não me descuidava dos meus.

Até hoje, não existe nenhum que tenha saído das minhas falanges e que tenha sido aprisionado por outras falanges. Muitos foram feridos em choques com forças poderosas, mas nunca aprisionados.

Eu era o Barão, um dos mais temidos entre os guardiões das Trevas. Se alguém caía prisioneiro, eu ia pessoalmente libertá-lo e ainda escravizava todos, sem pena alguma. O chicote os cortava fundo, isso quando a espada já não o tinha feito. Por volta de 1880, fui apresentado a dois outros guardiões: o Guardião das Sete Portas e o Guardião dos Caminhos, o poderoso Tranca-Tudo.

Hoje vejo que eram como eu: sabiam que haviam caído e aceitavam a queda como um fato consumado. Possuíam enormes falanges de escravos, maiores até que as minhas. Eu já os vira na assembleia muitas vezes, mas nunca tínhamos conversado. Eram calados como eu.

Quem nos apresentou foi o mesmo Cavaleiro da Estrela da Guia, e descobri que eles já o auxiliavam há muito tempo. Também enviavam auxiliares, quando necessário. Acabamos por nos tornar bons amigos, ou seja, aliados na assembleia.

Cada um tinha o seu modo de ser e agir, mas éramos leais uns com os outros.

Nesse tempo, um ser iluminado me convidou para conhecer um guardião de linha africana. Afinal, eu já tivera negros escravos quando na carne.

O que vi me deixou perturbado. Vou relatar como foi o nosso encontro:

– Venha conosco, Guardião da Meia-Noite. Acho que você ainda não viu tudo o que existe no astral.

– Eu não vi tudo, Guardião dos Caminhos. Procurei apenas o que me interessava.

– Não quer conhecer um lado que ainda está oculto para você?"

– O que poderia estar oculto para mim?

– Nós lhe mostraremos.

Eu os acompanhei até uma localidade estranha. De fato, ainda não tinha visto aquele lugar. Havia um portal com diversos símbolos, guardado por dois lanceiros da Antiguidade. Os símbolos, eu já conhecia, mas o portal, não.

Quando viram os outros dois guardiães, saudaram-nos com uma continência especial.

– Que lugar é este, Guardião dos Caminhos?

– Pertence ao Grande Oriente Luminoso. Existem muitos iguais a este no astral, Guardião da Meia-Noite.

– Como eu nunca os vi antes?

– Estavam ocultos à sua visão. Seus poderes nas Trevas são incontestáveis, sabemos disso, mas há coisas que ainda estão fora do seu alcance visual.

Um dos guardas tocou numa pedra no batente do portal e ele se abriu. Saiu um homem, que não reconheci de imediato. Tinha algo de familiar, mas não consegui atinar em quê.

Convidou-nos a entrar. Entramos. Os dois outros guardiões tiraram suas armas, que foram guardadas num compartimento especial. Não pediram as minhas e eu também não as dei!

– Vamos por este lado, senhores – falou o homem.

Nós o seguimos por um corredor todo iluminado e pintado com símbolos, um mais estranho que o outro. Quando chegamos ao fim do corredor, uma porta verde se abriu. Dela saiu um velho de longas barbas brancas, que nos deu três colares com um cristal verde pendurado.

– Para que servem estes colares? – perguntei.

– É para sua própria segurança, Guardião da Meia-Noite – disse o ancião.

– Sou conhecido até aqui?

– Sim. Nós o conhecemos há muito tempo, Guardião. Queiram acompanhar-me, senhores. Já estão à sua espera há tempos.

– Vocês vêm sempre aqui, guardiões?

– Não. Só em ocasiões especiais.

– Então, vou ver algo especial hoje? – perguntei, sorrindo.

– Você é o algo especial, hoje, Barão. Agora, é melhor ficarmos em silêncio.

Fiquei inquieto com aquelas palavras do Guardião das Sete Portas, mas calei-me. Tinha aprendido a lição na assembleia: em lugar estranho, eu não abria a boca. Apenas ouvia e observava. Essa conduta foi, em muitas ocasiões, minha saída para não arranjar encrencas.

Entramos num enorme salão, em cujas paredes havia símbolos e mais símbolos, insígnias e outras coisas mais que não posso revelar.

Fiquei mais perturbado ainda. A que lugar estranho haviam me levado? Meus sentidos estavam todos alerta.

– Acalme-se, Barão. Aqui não há o que temer. Não será chicoteado nem acorrentado como foi na assembleia.

– Vejo que sabem tudo sobre mim.

O salão estava todo tomado de pessoas. Eu procurava, com os olhos, ver se conhecia alguém. Encontrei, bem distante, o Cavaleiro da Estrela da Guia e outros dois que sempre o acompanhavam quando ele vinha me procurar. Havia três lugares vagos ao seu lado.

Ele se levantou e veio ao meu encontro. Saudou-me e convidou a mim e aos meus companheiros para sentar ao seu lado. Era um comportamento digno, muito diferente do da assembleia.

O silêncio era total. Os assentos estavam dispostos de forma oval. Nós ficamos em uma das extremidades e, na outra, havia uma grande mesa, com diversos homens e mulheres sentados.

Eu observava tudo e todos, mas não falava ou pensava em nada. Sabia que, se pensasse algo, todos ouviriam meus pensamentos. Acho mesmo que o silêncio tinha essa finalidade: ouvir meus pensamentos. Mas eu era um guardião das Trevas e sabia controlar-me. Nisso, um homem levantou-se e falou:

– Muito bem, senhoras e senhores, como todos sabem, temos entre nós um dos maiores guardiões das Trevas. É o Guardião da Meia-Noite. Todos já o conhecem e sabem quem é ele.

Vi que assentiram com a cabeça.

– Pois bem, o Cavaleiro da Estrela da Guia falará sobre ele aos senhores.

O Cavaleiro levantou-se, foi até o meio do salão e começou a falar sobre minha conduta e dos auxiliares que eu já havia lhe emprestado. Pediu que alguns deles, que já haviam conquistado grau de Luz, fossem trazidos.

Vários deles entraram no salão e posicionaram-se perto dele.

Eu não os reconheci, pois já não eram esqueletos. Foram até onde estávamos e se apresentaram pelos nomes. Eu me lembrava vagamente deles.

– Nós lhe agradecemos a oportunidade que nos deu um dia, Barão. Não o esqueceremos jamais, pois hoje sabemos que era a Lei Maior que nos castigava e não o senhor.

Fiquei calado, pois nada conseguia dizer, enquanto eles pediram licença e foram embora. Aquilo tudo estava me deixando mais incomodado ainda.

O Cavaleiro mandou que trouxessem as mulheres que minha Princesa e eu havíamos libertado. Não estavam todas ali, mas reconheci algumas. Também vieram agradecer. Como a Princesa não estava comigo, fizeram-me portador do agradecimento a ela, e eu assenti com a cabeça.

Os ossos da garganta estavam me sufocando. Sim, mesmo uma caveira como eu também sentia isso!

E o Cavaleiro continuou a falar sobre mim. Quando terminou, todos se levantaram e aplaudiram. Até o ancião que dirigia a reunião levantou-se. Não sei se uma caveira derrama lágrimas, mas senti como se isso estivesse acontecendo comigo. Finalmente, eu recebia aprovação pelo pouco que fizera.

– Acha pouco o que fez, Guardião da Meia-Noite? – perguntou o dirigente da reunião.

– Sim, senhor. Poderia ter feito muito mais, se tivessem me solicitado.

– Gostaria de fazer muito mais?

– A que isso me conduzirá? – perguntei, curioso.

– A quê, não sabemos, mas poderemos unir sua força à nossa, e então veremos em que resultará.

– Talvez eu entre em confronto com o que sirvo.

– Acho que não, Guardião. No fim da linha os extremos se encontram. O de cima se entrecruza com o de baixo e formam o Todo. Nós somos aqueles que habitam o meio.

– Isso é interessante, senhor. Continue, por favor.

E ele continuou falando do Todo e das partes que o compõem.

– Nós somos a parte visível do Todo, Guardião da Meia-Noite. Temos acompanhado você desde sua morte. Vimos seu desespero e sua queda, sua ascensão e sua conduta. Vimos quando quis ler os livros negros e conhecer os mistérios que envolvem as Trevas, e também como se conduziu pela lei do carma. Vimos você não negar ajuda a um dos nossos quando lhe foi solicitada. Muitos a negaram, outros não, e você foi um deles. Tudo está escrito no seu livro, Guardião da Meia-Noite. Se hoje nós o temos conosco, é porque confiamos em você. Sabemos que é um ente das Trevas totalmente esclarecido e equilibrado. Não queremos que altere sua conduta, mas que nos ajude com suas forças na linha de lei.

— Isso não me colocará em choque com os outros guardiões da assembleia? Não quero encrencas com eles. Já chega o erro que cometi na carne. Não quero cometer outro, agora que sou só ossos.

— Nada disso acontecerá, Guardião da Meia-Noite.

— Diga então como poderei ajudá-los.

— Antes, você terá de escolher um dos símbolos sagrados, para servi-lo.

— Não entendi, senhor.

— Você será um instrumento do símbolo e, enquanto agir dentro da Lei, o símbolo o amparará. Não haverá força ou entidade que o subjugue, enquanto assim proceder.

— Isso é quase o mesmo que o Príncipe me propôs um dia, não?

— Sim, mas com uma diferença: esta é a porta de retorno ao seio do Criador. Além do mais, será muito mais difícil do que com o Príncipe, pois aqui não haverá ninguém para chicoteá-lo. Você é que verá se está subindo ou caindo. E se cair, a Lei o lançará num abismo muito mais profundo do que aquele a que você já desceu. Deste, não há retorno.

— Compreendo. Posso pensar um pouco?

— Quanto tempo, Guardião?

— Alguns dias.

— Não. Só tem agora para pensar. Amanhã já será muito tarde.

– Foi assim que o Príncipe fez comigo na tumba: não há escolha nem tempo para pensar.

– Será que você já não escolheu o caminho, Guardião?

– Como assim?

– Quando o Cavaleiro da Estrela da Guia o procurou, você lhe deu ajuda. Por que um ser das Trevas ajudaria um ser da Luz, se não tivesse algo dentro de si?

– Aquilo foi diferente.

– Pense bem, Guardião, e depois me diga se não há nada em seu interior que o tem movido.

– Não preciso pensar. O senhor já o sabe, certo?

– Sim. É por isso que nós o trouxemos aqui, hoje. Está na hora de levantar-se, Guardião. Seu passado pede isso com toda a força.

– Eu aceito, senhor. Acho que já vi o bastante para saber que não me conduzo, mas sou conduzido.

– Sábia conclusão, Guardião. Escolha o seu símbolo e será regido pelas leis e mistérios que estão contidos nele.

Olhei os símbolos e escolhi o que tinha três cruzes em seu interior. Imediatamente, uma luz forte se fez presente e foi tomando forma.

Quando a forma já estava totalmente plasmada, vi um ancião curvado, apoiando-se num cajado com diversos símbolos pendurados. Tinha o corpo todo coberto por uma palha desconhecida para mim. Sua vibração não era contida pela forma plasmada.

Eu sentia meus ossos se deslocarem do lugar, tal a intensidade. Quando ele levantou o cajado, fui puxado ao seu encontro. Pensei que ia me despedaçar todo, pois eu era só ossos. Caí de joelhos aos seus pés. Só então vi que ele também era só ossos.

A ponta do cajado tocou minha cabeça e um choque muito forte percorreu todo o meu corpo. "Vou morrer outra vez", pensei, quando uma voz gutural respondeu ao meu pensamento:

– Não morremos duas vezes, Exu da Meia-Noite. Eu o marco como um dos meus. Você me serve, eu o amparo. Você me servirá e a Lei viverá em você. Você foi lançado ao solo pelo poder do símbolo da cruz. Você carregará sua cruz e a Lei o ajudará. Mas, se abandoná-la, ela o esmagará. Sua força não é maior que sua cruz, mas ela lhe dará forças para carregá-la. Sirva-a, e ela o engrandecerá, mas renegue-a, e fraco se tornará. Ame sua cruz, e o amor a ela o inundará; mas odeie a ela, e odiado será. Louve-a, e louvado será; renegue-a, e renegado será.

Calou-se. E, assim como veio, foi embora.

Levantei-me, ainda trêmulo. Foi tudo tão rápido que eu estava apalermado. Novamente, todos aplaudiram. Virei-me para o Cavaleiro e perguntei:

– Por que os aplausos agora?

– É que, a partir de hoje, você é mais um dos nossos.

– Como uma caveira como eu pode ser um de vocês?

– Nós estamos separados por uma linha muito tênue, Guardião. Você está à esquerda da cruz e nós à direita. Nada mais nos separa.

– Mas eu ainda sou um esqueleto com um manto negro.

– Caso queira, poderá voltar à forma que tinha quando na carne.

– Isso nunca! Sinto vergonha do meu passado!

– Então, escolha a forma que quiser.

– Fico como sou agora; assim, não serei reconhecido. Quem era o ser de Luz que veio até aqui?

– Ele é o Senhor dos Mortos, guardião de almas que passam pelos cemitérios.

– Como? É o maioral lá do cemitério em que fui enterrado, digo, o chefe da região escura?

– Ele é um guardião à esquerda. Reina nas zonas negras, mas há uma outra faixa de atuação que você não conhece. O maioral da assembleia não é o mesmo da linha da almas no ritual africano, nem é o maioral no símbolo da cruz.

– Achei que sabia muito, Cavaleiro, mas vejo que ainda nada sei.

– Pois acho que você já sabe o bastante, Guardião, e é hora de aperfeiçoar seu saber.

– Mas por que fui chamado de "Exu da Meia-Noite"?

– Assim são chamados aqueles que estão à esquerda no ritual antigo.

– Ainda não entendi.

– Vamos deixar o salão agora, pois precisam voltar aos seus lugares de atuação. Você olhou bem para os símbolos?

– Sim. Onde eu os vir, saberei reconhecê-los.

– Olhe sua capa, Guardião.

Tirei minha capa e vi um símbolo gravado nela.

– Quem o fez, que nem percebi?

– Foi o senhor Obaluaiê, ou Senhor dos Mortos, quem o marcou como um à sua esquerda.

– Começo a perceber que é muito mais profundo do que eu imaginava a princípio.

– É, Guardião. Venha conosco e você entenderá melhor.

Eu o segui, depois de saudarmos aos outros membros da reunião. Levaram-me a uma biblioteca enorme. Os corredores não tinham mais fim. A quantidade de livros era tamanha que toda a eternidade não seria suficiente para ler todos.

– Fantástico! – falei. – Como conseguiram acumular tantos livros?

– Os milênios fizeram isto. Aqui é somente um dos centros de estudos do Grande Oriente Luminoso. Vou pedir alguns livros para você, Guardião. Neles poderá tirar todas as suas dúvidas.

Uma moça veio ao nosso encontro. Após a saudação comum àquele lugar, o Cavaleiro pediu sete livros à jovem. Ela sumiu por um dos corredores e, pouco depois, voltava com os livros. Eram enormes e ela mal podia com eles.

– Aqui estão, Cavaleiro da Estrela da Guia. Ficarão aos seus cuidados até retornarem aos seus lugares, na biblioteca. Este outro aqui é um presente para o seu amigo – e ela estendeu-me um livro dourado. Era um resumo da história do Grande Oriente.

– Vou ler primeiro este, Cavaleiro. Quero saber onde me meti desta vez.

– Garanto que vai gostar, Guardião. Quanto aos outros, cada qual tem um símbolo e um nome na capa. Espero que os compreenda no todo e nas partes. Só assim saberá situar-se à esquerda na linha de lei.

– Vou estudá-los com atenção; quando tiver entendido, eu os devolverei a você. Onde poderei encontrá-lo?

– Ainda nos veremos muitas vezes, Guardião. Vamos, agora?

– Sim, minha Princesa deve estar preocupada com minha ausência.

Já íamos saindo do grande recinto, quando vi alguém que não me era estranho. Foi num relance que a vi, o que me deixou confuso.

– O que houve, Guardião?

– Não foi nada, não, Cavaleiro. Tive a impressão de ter visto uma conhecida minha.

– Quer vê-la? Eu o levo até ela.

– Vamos, mas não fale que sou o Barão, está bem?

– Sim, respeitarei sua vontade.

Fomos até onde estava a mulher. Era uma freira.

– Madre, quero apresentar-lhe o novo membro do Grande Oriente Luminoso. É o Guardião da Meia-Noite.

– Muito prazer, senhor. Sou a madre Beatriz.

– Estou honrado em conhecê-la, madre. Se precisar de minha ajuda, é só falar com o Cavaleiro e ele ordenará o que devo fazer.

– Vejo que quer aprender, senhor...

– Exu da Meia-Noite. Fui assim denominado pelo senhor Obaluaiê, e assim quero ser chamado.

– Então, Senhor da Meia-Noite, vejo que quer aprender.

– Sim, somente um tolo fica parado no tempo, madre. Vejo que a senhora também gosta de aprender.

– É o que mais gosto de fazer. Procuro aperfeiçoar-me com as boas leituras. Pena que eu tenha pouco tempo para isso.

– Não mora aqui?

– Eu!? Imagine só! Não, senhor. Venho aqui muito raramente. Trabalho na crosta terrestre. É lá que passo a maior parte do tempo. E o senhor, onde mora?

– Não gostaria de saber, madre.

– Sou muito curiosa e tento compreender tudo, embora isso nem sempre seja possível. Estou curiosa, senhor Guardião.

– Eu habito os subterrâneos de um castelo na Europa. Mas posso dizer, com toda a certeza, que habito o sétimo plano descendente. É ali que tenho minha força e meu reino, e é também ali que sou chamado de "Guardião da Meia-Noite".

– Ainda é muito complicado para mim, senhor.

– Não vê minha aparência?

– Sim, vejo, mas não compreendo.

– É tudo uma questão de saber o porquê das coisas, e isso é o mais difícil para todos.

– Assim mesmo, fico contente por ter se tornado mais um membro do Grande Oriente Luminoso. O tempo poderá ensinar-me como entender tudo isso, creio eu.

– Também espero entender muitas coisas que até hoje me atormentam. Foi um prazer conhecê-la, madre Beatriz. Se precisar de meus serviços, o Cavaleiro da Estrela da Guia saberá onde me encontrar.

– Também gostei de conhecê-lo. É a primeira vez que falo com alguém como o senhor. Nunca tinha visto um demô..., digo, um guardião.

– Sim, é isso mesmo, madre. Sou um demônio, não escondo que sou, nem me envergonho disso. Posso não gostar de ser como sou, mas não nego nem escondo de ninguém.

– É uma escolha sua. Agora, peço licença para ir buscar meus livros – disse, meio sem jeito.

– Até outro encontro, madre. Lembre-se de minha oferta de auxílio.

– Lembrarei, senhor Guardião.

Olhei para os outros e saímos. Quando estávamos longe, o Cavaleiro perguntou-me:

– E então, Guardião, era sua conhecida?

– Adiantaria tentar mentir?

Os outros dois guardiães deram uma sonora gargalhada. O Cavaleiro sorriu.

– Não, acho que não. Estou vendo em seus rostos. Sim, era ela mesma. Não mudou muito. Só está mais madura.

– Você ainda gosta dela, Guardião?

– Não, apenas devo algo a ela que nunca poderei pagar. Conhecem a nossa história?

O Guardião das Sete Portas falou:

– Não, companheiro, nem quero ouvi-la. Não fica bem para um guardião como você começar a chorar por causa do passado, não é mesmo? – e deu outra gargalhada.

– Acho que não, Guardião das Sete Portas. O que diriam meus escravos na Trevas se soubessem que, mesmo eu, tenho uma mágoa a ocultar perante todos?

O Cavaleiro também falou:

– Pois saiba, Guardião da Meia-Noite, que foi sua mágoa que o conduziu até nós.

– Será que ela me reconheceu?

– Duvido, companheiro. Como ela iria ver o velho Barão numa caveira horrível como você? – falou o Guardião dos Caminhos.

– É isso mesmo. Ela estava assustada com a nossa presença, companheiro – falou o outro guardião.

– O que pode me dizer, Cavaleiro?

– Ela não o reconheceu. Você estava emocionado e ela assustada. Se não fosse a minha presença, creio que ela teria saído da biblioteca em disparada.

– Agora compreendo por que sou tão temido, companheiros. Acho que assustamos mais pela aparência do que pelo poder.

Eu também dei uma gargalhada. Afinal, para que chorar as mágoas, se as Trevas serviam justamente para ocultá-las?

Ao chegarmos à saída, devolvemos os colares ao ancião, que os guardou novamente. Quando já estávamos saindo do grande templo, um cavaleiro com lança e armadura antiga aproximou-se de nós.

– Guardião da Meia-Noite, este é o senhor Ogum Megê. Pelo símbolo da espada, você saberá que ele trabalha com o senhor Obaluaiê. Logo, um igual a ele, pois são milhares, irá procurá-lo e instruí-lo nos mistérios que envolvem o campo-santo.

– Todos eles são iguais?

– Sim, mas aquele que o procurar terá um símbolo quase igual ao de sua capa, só que voltado para a Luz.

– Está certo, Cavaleiro. Vou me lembrar disso. Até a vista.

– Até a vista, Guardião da Meia-Noite!

Eu e os outros guardiões partimos. Instantes depois, já estávamos no meu castelo. Fiz-lhes tantas perguntas quantas achei necessário. A todas, eles me esclareceram minuciosamente.

CONHECENDO OUTROS GUARDIÃES

Lentamente, fui tomando conhecimento da grandeza do Grande Oriente: abrangia o planeta todo e influía em todas as religiões; existiam muitos guardiões na Luz e nas Trevas; e havia outros membros da assembleia que pertenciam a ele.

– De fato, companheiros, eu nada sei ainda. Estava enganado quando pensei que os livros negros haviam me ensinado tudo.

– Nós também lemos os livro negros, companheiro, mas isso foi há milênios. De lá para cá, nada mudou. O mundo continua o mesmo: uns subindo, outros descendo, e todos evoluindo.

– Nem todos, Tranca-Tudo. De vez em quando alguém some da Luz ou desaparece das Trevas.

– Sim, Sete Portas, mas isso também é normal no mundo.

– É. Você tem razão. Nada mudou nos últimos milênios.

– Mas, digam-me, companheiros. Como, após tantos séculos servindo ao Grande Oriente, vocês não se iluminaram?

– Gosto do jeito que sou, Guardião da Meia-Noite. Sou muito mais útil à Lei assim. Eu poderia ter mudado minha forma e conquistado a Luz, mas achei melhor continuar como um guardião dos caminhos, pois a Lei precisa de mim para colocar um freio naqueles que ousam ultrapassar os seus limites. Caso mude meu estado e queira caminhar na Luz, terei de começar tudo de novo e deixarei os guardiões da Lei sem um bom auxiliar. Então, resolvi continuar no meu reino. De lá, sirvo à lei do carma e aos seus executores, podendo, ao mesmo tempo, ajudar todos que um dia prejudiquei.

– Isso é muito digno, Guardião dos Caminhos. Somente um ente poderoso e esclarecido poderia compreender isso. Os pequenos não entenderiam.

– Para que conseguir isso deles? Perderia o meu tempo e o deles também. Os pequenos se conformam com as coisas simples. As mais complicadas só os confundem. Então, é melhor que não nos compreendam, mas que nos temam. Assim se conduzirão melhor.

– Vejo que tenho muito o que aprender com vocês, companheiros.

– O tempo lhe ensinará, Guardião da Meia-Noite.

– Assim espero. Agora eu os convido a irem a uma festa.

– Onde é a festa?

– Numa mansão próxima daqui. Lá, a bebida é farta e podemos saciar nossa sede.

– Eu aceito, mas só se puder levar minhas meninas – disse o Guardião dos Caminhos.

– E eu, se puder levar meus auxiliares – falou o Guardião das Sete Portas.

– Então, chamem quem quiserem e iremos até lá!

Pouco depois, meu castelo ficou cheio de gente das Trevas.

O Guardião dos Caminhos tinha uma falange de belas mulheres e perguntei o porquê daquilo.

– Tenho os escravos também, mas quando vou me divertir, levo somente elas. Quanto a eles, que procurem diversão por conta própria.

– Mas para que tantas mulheres?

– Tomo conta delas e isso é o que importa. É meu modo de ser. Não mudo nunca.

– Entendo. Não vou querer saber mais nada.

– Assim é melhor, companheiro. Também não quero saber por que você manda para a Luz tantas mulheres quantas pode. Assim como acha absurdo haver tantas mulheres ao lado de alguém, eu também acho um desperdício mandar tantas para a Luz.

– Cada um de nós tem um modo de ser, não? O que você foi na sua última encarnação, Guardião dos Caminhos?

– Fui um soberano persa, séculos atrás. Acho que há uns três milênios.

– Agora entendo. Isso aí é o seu harém, não?

– Acertou. Como eu disse, o mundo nunca muda.

– Chega de conversa fiada. Vamos ou não para a tal festa, Barão? – protestou o Guardião das Sete Portas.

– Vamos, companheiros!

E fomos à tal festa, que estava desanimada até nossa chegada. Mas logo tudo mudou e, assim, saciamos nossa sede de boas bebidas e outras coisas mais de que não vou lhe falar.

Minha Princesa estava curiosa para saber o que eu havia feito durante minha ausência. Contei-lhe tudo quando voltamos ao castelo.

– Quando você voltar à biblioteca, leve-me junto.

– Eu a levarei, Princesa. Você descobrirá coisas que nem imagina.

– Estou curiosa demais.

– Pois vou começar a ler os livros que me foram emprestados. Se quiser, pode lê-los também.

– Posso mesmo? Não irão achar ruim?

– Creio que não. Acho que até esperam isso de você.

– E a assembleia? Como fica agora?

– Nada muda. Lá existem milhares iguais a mim, todos marcados pela Lei. Já sei como reconhecê-los. Um não interfere no espaço do outro. Penso que somos todos instrumentos do Criador invisível.

– Já está filosofando, Professor da Meia-Noite – e começou a rir.

Eu também sorri. De fato, eu já estava ultrapassando os limites do inferno.

– Sabia que falei com minha antiga esposa?

– Não diga! E como isso foi possível?

– Eu a vi na biblioteca do Grande Oriente.

– O que conversaram? Discutiram as diferenças do passado?

– Não tive coragem. Acho que foi um passado doloroso demais e eu não quis mexer na ferida.

– Pois acho que devia ter dito quem você era.

– Não! Você está errada, Princesa. Ela me parece muito equilibrada como freira. Acho que assim se realiza como mulher.

– Não sentiu amor por ela?

– Está com ciúme, Princesa?

– Um pouco, meu Barão.

– Pois eu não senti amor por ela. Só sinto não poder pedir o seu perdão.

– Quem sabe um dia você possa fazê-lo.

– É melhor não mexer no passado. Ele não foi bom, e eu prefiro assim.

– Você é quem sabe...

Nada mais falamos sobre o assunto. Estudei a fundo os livros, e ela também. Em pouco tempo, eu já conhecia muito mais do que tudo que havia aprendido até então.

Coincidência ou não, quando já havia aprendido tudo e senti vontade de receber a visita do Cavaleiro da Estrela da Guia, ele chegou ao castelo. Para ele não havia barreiras. Foi logo conduzido até onde eu estava. Vinha acompanhado de um outro cavaleiro: era um dos Ogum Megê que ele havia me mostrado.

Perguntou-me sobre os livros:

– O que achou deles, Guardião?

– Responderam a tudo o que eu queria saber, Cavaleiro.

– A que conclusões chegou?

– Está tudo de acordo e eu os absorvi por completo.

– Acha que poderá cumprir à risca os seus ensinamentos?

– Sim! Não será muito difícil para mim.

– E poderá, dentro das limitações, aplicar as deduções deles às suas?

– Farei isso na medida do possível, Cavaleiro. Minha Princesa também os estudou. Achei que não havia mal nisso, não?

– Fez o mais correto, Guardião. Assim ela poderá aplicá-los também. O que acha, Princesa?

– O que o Barão fizer, eu faço. Se for bom para nós, muito bem. Se for mal, também muito bem.

– Admiro sua lealdade para com ele. Isso é raro nas Trevas.

– Ele foi o único que me ajudou sem nada pedir em troca. É por isso que gosto dele. Enquanto ele me quiser como companhia, estarei ao seu lado.

– Gostaria de conhecer o Grande Oriente, Princesa?

– Isso é possível para alguém como eu?

– No que você é diferente das outras mulheres, Princesa?

– Sou um ser das Trevas. Na carne, fui uma mulher vadia, ou uma prostituta, como preferir. Vendi meu corpo, fiz abortos e tirei a oportunidade de alguns espíritos virem à carne. Enfim, fugi do meu dever de mulher. Como posso ser igual às outras?

– Sabia realmente o que fazia?

– Sim, pois era muito bonita e mexia com os homens. Não continha meus desejos e vendia meu corpo. Não sabia o erro que cometia e que teria de pagar, mas sabia o que fazia.

– Hoje, com o que sabe, cometeria o mesmo erro?

– Não! Tanto é verdade que, com o auxílio do Barão, temos amparado muitas que cometeram o mesmo erro.

– Quer dizer que aprendeu sua lição, não?

– Sim, Cavaleiro. Aprendi, mas paguei um alto preço por ela. Hoje não tenho coragem de procurar meus pais, irmãos e irmãs, pois estou nas Trevas. Não ouvi os conselhos deles e, por isso, sofro muito. Sofri na carne e, em espírito, sofri muito mais. Se não fosse pelo Barão, hoje eu estaria reduzida a nada. Posso ver o castelo em que ficaram aquelas que não tiveram a mesma sorte que eu.

– Pois não pense que é diferente das outras mulheres, Princesa. Apenas se julga assim. Você tem um grau muito alto. Caso queira, o Grande Oriente Luminoso a acolherá como mais uma de suas servidoras.

– Pode fazer isso por mim, sem me separar do Barão?

– Vejo que gosta muito dele, Princesa.

– Gosto, Cavaleiro, ao lado dele sou tratada como uma princesa, ainda que não o seja. Longe dele, nada sou. É o único que me compreende e a quem também compreendo. Mesmo nas Trevas, há o amor.

– Isso é muito bom, Princesa. Eu não os separarei, caso aceite ser uma servidora do Grande Oriente Luminoso.

– Então, aceito, Cavaleiro. Diga quando e eu o acompanharei.

– Virei buscá-la em sete dias. É o tempo que preciso para resolver outros assuntos urgentes.

– Quem é você afinal, Cavaleiro da Estrela da Guia?

– Sou alguém igual a vocês. Procuro ajudar a quem vejo que merece e combato aqueles que agem contra a Lei. Apenas isso, Princesa.

– É um nobre, de verdade?

– Pois me diga: quem terá sido este nobre, Princesa? Não terá, por acaso, o nobre de hoje estado nas Trevas um dia, no passado?

– Isso somente você saberá, não?

– Sim, eu e os que me estenderam a mão amiga, que me ajudaram a levantar. Por isso digo que não somos diferentes. Apenas estamos em lados diferentes.

– Sabe como cativar alguém, Cavaleiro.

– Só uso o dom da razão, Princesa. Para mim, isso é muito importante. Onde impera a razão, não existe a marca da dúvida.

– Não vou mais tomar seu tempo, Cavaleiro, pois deve ter coisas mais importantes a fazer do que conversar com um ser das Trevas.

– Pois saiba que não considero perda de tempo nossa conversa, Princesa. Vou fazer minhas obrigações muito mais feliz agora.

– Fico feliz também, Cavaleiro. É o segundo a tratar-me com dignidade, e é o primeiro ser de Luz a falar comigo. Isso me torna menos infeliz pelos meus erros.

– O tempo tudo conserta, Princesa. Com o tempo, podemos reparar tudo. Basta que comecemos. E você já começou. Agora, peço que fiquem com o senhor Ogum Megê. Ele os conduzirá à linha de lei em que o Barão receberá instruções. Até a vista, amigos!

O Cavaleiro partiu e levou consigo os livros. Nós acompanhamos o outro cavaleiro, Ogum Megê.

Fui levado a um local até então nunca visto por mim. Era um cruzeiro, um imenso cruzeiro, cercado por outros sete cruzeiros menores.

Eu tornei a ver o senhor Obaluaiê. Encontrei, também, muitos outros guardiões das Trevas, com sua respectivas falanges. Eram todos muito poderosos. Eu os conhecia muito bem. Vi também os guardiões da linha africana e me foi ordenado que trouxesse toda a minha falange.

Vou dizer-lhe como tudo se passou; aí você entenderá melhor o que é um cemitério.

O Maioral do campo-santo me chamou:

– Exu da Meia-Noite, venha até aqui.

– Pois não, Maioral. O que deseja de mim?

– Traga todos os seus até aqui.

Eu os levei num segundo, sem que muitos nem percebessem onde estavam. Só quando viram o Maioral dos cemitérios é que despertaram.

– Minha legião está toda aqui, Maioral.

– Para todos vocês, sou Tatá Omulum, a partir de agora.

– Sim, senhor. Nós o aceitamos como nosso Maioral, a partir de hoje.

– Exu da Meia-Noite, de agora em diante, sua cor é a nossa, a preta e a branca. Integrarão as hostes à esquerda do Senhor dos Mortos; servirão na sétima linha da Quimbanda e acatarão os Orixás. Serão requisitados para a guarda do cruzeiro sagrado e não sairão mais dessa linha de ação. Serão guiados pelos fundamentos da sétima linha de força dos Orixás e seguirão os senhores do carma.

E continuou Tatá Omulum:

– Aqueles que se desviarem serão responsáveis pelos seus atos e não contarão com o amparo da linha de lei. Só sairão do seu campo de ação quando forem chamados. Não poderão intervir na vida dos mortais, a não ser pela magia negra ou pela sétima linha da Quimbanda. Quando surgir uma oportunidade, serão usados pelos guardiões da Lei. Quando isso acontecer, terão de honrar sua linha de atuação e o ponto individual, que derivará do ponto do guardião. Cada chefe de falange estará submetido ao comando do chefe da legião. Agirão de acordo com a linha a que pertencem e poderão conquistar servidores para sua linha no astral inferior. Seu ponto será à esquerda do cruzeiro central.

Falou ainda outras coisas que não posso revelar e, quando terminou, as forças do Guardião da Meia-Noite estavam integradas à sétima linha de lei.

Eu era o chefe dessa linha, a vigésima primeira linha de ação do Maioral do campo-santo. Não é, como dizem, a primeira ou a segunda, mas a vigésima primeira.

Sob meu comando, ela se expandiu tanto que chegou a ser uma das maiores do campo-santo. Exigia o máximo dos meus, o que foi conseguido em pouco mais de setenta anos.

Pode parecer estranho, mas fui um eficiente guardião desde o começo de minha ascensão a esse posto. Por tudo isso, sou um dos mais poderosos Exus que existem.

Mas, voltando ao cruzeiro, fui designado para servir à linha de lei.

No princípio, tudo foi muito difícil, pois não era como ser invocado pelos magos negros, que tinham um outro tipo de comportamento em relação a nós, os guardiões das Trevas.

Não! Ali tudo era diferente. Os Orixás impunham sua ação sobre nós, os Exus.

Com o tempo, fomos nos habituando à linha de lei do carma da sétima linha de força.

No começo do século XX, surgiu um grande movimento religioso no astral e os Orixás se derramaram por todos os lugares.

Era a árvore africana dando seus frutos. Milhares de espíritos de negros reencarnavam em corpos brancos e traziam no subconsciente a última encarnação, regida pelos Orixás do panteão africano.

Tudo isso eu aceitava. Conhecia e aceitava.

Todas as sete linhas de lei foram postas em ação. Tanto a esquerda, como a direita, moviam-se de uma forma incontrolável. O dom da mediunidade explodia em todos os lugares e surgia em meios até então inimagináveis, e tudo o que era tabu começou a cair. Surgiram pequenos centros em vários lugares, todos acompanhados pelas sete linhas da lei, ou seja, pelos Orixás maiores.

Todas as linhas de força das Trevas foram requisitadas pelos seus maiorais, inclusive a minha. Tudo que tínhamos feito até então havia sido apenas uma preparação para o movimento das linhas de lei.

Tudo havia sido orientado pelos Orixás maiores e estava sendo posto em execução pelos menores. A nossa linha, a sétima, tanto à direita como à esquerda, saiu em campo. A minha, em particular, era poderosa, e eu saí na frente de muitos outros guardiões.

A lei do carma abriu as portas para o reajuste de milhões de almas, o que era do conhecimento dos guardiões dos pontos de força das Trevas.

Minha legião foi se fracionando em sete, vinte e um, quarenta e nove ou setenta e sete Exus, que acompanhariam os futuros mediadores entre os dois planos através do dom do oráculo.

Era o nascimento do ritual de Umbanda no Brasil, um movimento místico, comandado pelos vinte e um guardiões dos mistérios maiores.

Ninguém pôde contê-lo, nem a lei dos homens, nem os homens de outros rituais.

Sua expansão assustava a todos, mas era subterrânea. Não tinha estrelas visíveis, absorvia muitos, de todos os níveis, e não podia ser coordenada.

Os Orixás se derramavam para trazer um pouco de luz em meio a tanta ignorância a respeito dos mistérios sagrados. Era a volta triunfal da Lei Maior sobre a lei das igrejas, que se tornavam materialistas.

A Umbanda lançava sua rede em um mar revolto de espíritos, que não encontravam seu caminho no culto estabelecido. Eram espíritos de antigos iniciados, de místicos e de adeptos do culto africano.

O ritual estabelecido já não tinha como dar respostas para tantos ao mesmo tempo, pois estas só eram dadas nos pequenos terreiros ou tendas.

O Candomblé estabelecido não agradava aos Orixás maiores, pois estava eivado de coisas misteriosas. Queriam algo mais simples e que também fosse popular.

Enganam-se aqueles que pensam que há diferenças entre os Orixás.

Os mediadores de Umbanda têm Orixás iguais aos dos mediadores do Candomblé. Há apenas uma diferença: têm maior liberdade de ação e não precisam de tantos rituais para servirem aos Orixás maiores.

Deles, pouco é exigido em relação aos rituais, pois têm de se envolver em muitas frentes ao mesmo tempo, e ainda têm de absorver todos os que surgem à sua frente. Mas os Orixás são os mesmos.

As diferenças existem na cabeça dos homens e é por isso que há certas dessemelhanças entre os dois rituais de origem africana.

Nós, os Exus, começamos a ser aceitos como parte do Todo. Não éramos mais discriminados.

Aqueles que evoluíram muito rápido, foram aceitos em novas sublinhas de ação, dentro das sete linhas de força. Eram degraus de ascensão para os mais esforçados e esclarecidos.

O objetivo tinha sido alcançado. Da minha linha, a da meia-noite, milhares e milhares de espíritos caídos, mas não esquecidos pela Lei, saldaram seus débitos e adquiriram créditos imensos. Ainda hoje, dividem esses créditos com os endividados.

– Está certo, meu amigo, mas e quanto à sua história? – interpelei-o quando percebi que ele havia se desviado do assunto.

– Minha história? Sim, eu a interrompi um pouco para mostrar-lhe que, na verdade, não guiamos, mas somos guiados. Comecei a montar guarda em vários templos de Umbanda e passei a conviver com a linha das almas, exclusiva dos negros.

– Diga-me, amigo, por que essa linha, a das almas, é dedicada aos negros?

– É uma escolha dos Orixás maiores para os que se purificaram no cativeiro e souberam conservar o seu culto, quando aqueles que se diziam filhos do Cristo, o Crucificado, derramavam o sangue e as lágrimas dos cativos apenas para acumular riquezas. Eu mesmo, como um poderoso barão, acumulei riquezas à custa deles. Já lhe falei sobre isso.

– Sim, eu me lembro. Então, os Caboclos também são uma homenagem aos índios, não?

– Sim. Foi também uma decisão dos Orixás maiores.

Os índios eram os donos desta terra e foram mortos, expulsos ou escravizados pelos brancos que aqui aportaram.

Os escravos e os índios, antes considerados ignorantes, são hoje donos das duas linhas mais poderosas do ritual da Umbanda. São as linhas dos Caboclos e Pretos-Velhos, que só os engrandecem e os homenageiam diante do Criador.

Pois saiba que muitos dos famosos Exus que hoje baixam nas tendas de Umbanda são os senhores de ontem, lançados nas Trevas pela Lei. Eu mesmo sou um exemplo disso. E é através desse auxílio que as linhas de força conseguem resgatar o passado negro, oculto por formas estranhas ao olho comum.

Somos todos devedores dos negros e dos índios, meu amigo.

– Qual foi sua reação quando teve de ajudar os negros da linha das almas?

– No princípio, eu ficava no meu ponto de força e mandava os subchefes trabalharem.

Num certo dia de 1920, um negro bem idoso, mas bastante iluminado, acompanhando o Cavaleiro da Estrela da Guia em suas andanças pelo astral inferior, foi visitar-me.

– Como vai, Guardião?

– Como sempre, Cavaleiro. Nada muda no inferno.

– Pois saiba que na Terra muita coisa está mudando. Não gostaria de voltar a vê-la?

– Acho que não, Cavaleiro, aqui, no meu ponto de força, estou sossegado. Tenho alguns problemas, mas nada grave. Além do mais, o que eu iria fazer na crosta?

– Ajudar o velho João de Mina, Guardião. Ele vem desenvolvendo um grande trabalho e sua presença na tenda que ele dirige dissuadiria os entes infernais que tentam impedi-lo de realizar tal missão.

– Por que tentam impedi-lo?

– Ele está retirando muitas almas do domínio das Trevas, e isso tem enfurecido alguns dos maiores entes infernais.

– Isso está se tornando muito comum, não, Cavaleiro?

– Por que diz isso?

– Na assembleia, tenho ouvido certos comentários nada animadores para a Umbanda e os mestres da Luz.

– O que dizem, Guardião?

– Deseja saber mesmo, Cavaleiro?

– Sim. É muito importante saber.

– Gostaria de conhecer a assembleia?

– Como poderíamos entrar nela?

– Eu os guiarei. Estarão sob minha proteção e ninguém os tocará, mas terão de apagar sua luz.

– Isso é fácil. Poderemos plasmar a forma que quisermos e iremos como caveiras, igual a você, Guardião.

– Voltem em três dias. Haverá uma reunião importante e poderão assisti-la comigo.

– Estaremos aqui em três dias, Guardião.

A GRANDE TRAIÇÃO

Fiquei pensativo. Aquilo era arriscado, mas seria bom que eles conhecessem a assembleia. Veriam como era difícil sobreviver naquele meio. Levaria uma escolta poderosa para qualquer emergência.

Três dias depois, eles estavam de volta ao meu ponto de força nas Trevas. Plasmaram a forma de caveiras e vestiram mantos negros. Dei-lhes armas iguais às das minhas escoltas, e não se diferenciavam em nada dos meus.

– Mantenham-se em silêncio e não serão notados.

– Está certo, Guardião. Não criaremos problemas. Manteremos absoluto silêncio mental e, assim, não seremos ouvidos.

– Então, vamos!

À medida que descíamos, eles sentiam a diferença de vibração. Eu os observava, pois não queria que nada lhes acontecesse e, diante do portal da assembleia, perguntei se queriam voltar.

– Não, Guardião. Resistiremos a esta vibração medonha. Só estamos um pouco arqueados, apenas isso.

– Pois saibam que até se parecem com seres das Trevas, mas lá dentro será pior. Se eu notar que não vão aguentar, tiro-os de lá em segundos.

– Vamos, companheiros!

Descemos até a assembleia. Era uma das maiores reuniões que eu já presenciara. Parecia que todo o inferno estava ali reunido, tal a quantidade de seres infernais, os mais poderosos possíveis.

Aquela reunião não me parecia normal, mas, enfim, era a assembleia dos entes das Trevas e tudo transcorria normalmente, ou seja, com as reclamações de sempre contra os entes da Luz.

Em dado momento, um ar fétido e peçonhento começou a invadir o lugar e até mesmo eu, um guardião das Trevas, comecei a me sentir mal. Olhei para o Cavaleiro e seu amigo e notei que estavam sufocados pela bruma peçonhenta que tomava conta do ambiente.

Fui até eles para tirá-los dali, mas nem eu conseguia me volatilizar no espaço. Estava paralisado no solo e temia pela sorte dos dois, afinal eu é que os havia convidado.

Logo, a assembleia foi invadida pela descomunal serpente negra. Era o Príncipe das Trevas que vinha até nós, pessoalmente. Até esse dia, eu o vira somente algumas vezes e, assim mesmo, a distância.

Todos recuaram e se espremeram para não ser esmagados por ele. Quem ficasse na sua frente seria fulminado por sua peçonha: onde o veneno de suas presas pingava, saía uma fumaça com um horrível odor de enxofre.

Eu estava gelado! Acredite se quiser, mas não conseguia me mover. Não sei qual é a sensação de um ser da Luz quando fica próximo ao regente da Luz, mas isso era o que eu sentia na presença do regente das Trevas.

A serpente negra posicionou-se e virou sua boca medonha em minha direção. Terror é pouco para definir o que eu sentia. Mal conseguia falar.

– Eu o quero, Guardião da Meia-Noite.

Não entendi a quem ele se referia.

– Eu disse que o quero, miserável. Dê-me ele, pois sei que está com você.

– Quem, Mestre? – balbuciei, aterrorizado.

– O Cavaleiro da Estrela da Guia!

– Eu não o tenho, Mestre das Trevas.

Nisso, um outro ser das Trevas falou:

– Ele o tem, sim, Príncipe das Trevas! Vi quando eles plasmaram a forma de caveiras!

– Mentira! – exclamei.

– Não é mentira, Guardião da Meia-Noite. Onde está ele?

– Não sei, Grande Príncipe.

Aquele que havia se manifestado antes, tornou a falar.

– É aquele ali, Príncipe das Trevas. Veja-o caído no chão! Não está acostumado com a vibração das Trevas!

– Dê-me ele, Guardião da Meia-Noite. Eu lhe ordeno!

– Eu vou no lugar dele, Grande Príncipe – falei.

– Não quero quem já é meu. Quero ele!

– Leve-me e o seguirei sem reclamar, Príncipe. Fui eu quem o convidou a conhecer a assembleia. Portanto, sou o culpado por ele estar aqui. Castigue somente a mim!

– Quero o Cavaleiro da Estrela da Guia que o acompanha, Guardião da Meia-Noite. Se insistir, eu o levarei também para conhecer o horror do meu reino!

– Diga-me: por que o quer tanto, Príncipe das Trevas?

– Ele me desafiou milênios atrás; por isso eu o quero. Agora o idiota veio até mim. Vou provar a ele minha força e meu poder.

– Deve ter sido uma loucura qualquer.

– Não foi loucura, Guardião. Ele acabou com os meus seguidores. Eu não o esqueci e agora vou mostrar-lhe meu poder.

O outro ente das Trevas parecia à vontade e falou:

– Por que protege um ente da Luz, Guardião da Meia-Noite?

– Eu o convidei e não posso deixá-lo sofrer por um erro meu!

– Pois eu sofri por um erro seu, Guardião!

– Não estou entendendo, companheiro. Nunca o prejudiquei nem a ninguém da assembleia. Se prejudiquei alguém, digam-me quando.

– Não foi agora, Barão.

Ele plasmou a sua forma de quando estivera na carne e eu levei um susto: era o escravo a quem eu havia prometido liberdade em troca de ajuda.

– Você?

– Sim, eu mesmo, Barão traidor. Pensa que me esqueci daquela noite?

– Não foi culpa minha você ter sido assassinado. Eu ia libertá-lo. Nem armado eu estava e não imaginava que meu amigo estivesse. Foi tudo um grande engano.

– Sim, um engano meu por ter acreditado na sua palavra, Barão. Hoje eu me vingo de sua traição, entregando ao Príncipe das Trevas o seu melhor e mais leal amigo!

– E você vai destruir um ser da Luz só por vingança?

– É seu amigo, não? Então ele pagará por você, Barão. Somente assim me sentirei vingado!

– Bela vingança, escravo maldito. Não teve coragem de me atacar antes, covarde?

– Atacá-lo não o atingiria tanto como agora. Sigo-o há décadas, Barão. Queria uma vingança perfeita. Perder o único que poderia levá-lo um dia à Luz! Quer melhor vingança do que esta?"

Chega de conversa. Eu quero o Cavaleiro da Estrela da Guia agora, Guardião, ou o levarei também!

Eu ia respondendo que poderia levar-me também, quando o Cavaleiro conseguiu falar:

– Eu vou com você, ente infernal. Se é assim que quer, então leve somente a mim. Ele não o desafiou e não precisa conhecer sua força e poder. Duvido que me vença desta vez, ser infernal!

E, mesmo paralisado, num esforço supremo, o Cavaleiro conseguiu plasmar sua forma original e tirar a veste negra. Eu vi, naquela hora, que os símbolos gravados em seu corpo astral não tinham luz alguma. E ele era um guardião da Luz...

Fui em sua direção, mas ele levantou a mão e, mesmo sufocado, conseguiu dizer:

– Afaste-se de mim, Guardião da Meia-Noite! Volte para sua Princesa, pois ela está caída no solo.

Olhei e vi que, realmente, estava desacordada, no chão. Com dificuldade, fui até ela.

Nisso, o Cavaleiro falou:

– Prove-me sua força e poder, maldito ente infernal! Mostre-me do que você é capaz, ser imundo! Jamais me vencerá, ainda que se passem outros sete milênios!

Ele havia conseguido erguer-se do solo, estava ajoelhado e teria ficado em pé se, a uma ordem do Príncipe das Trevas, uma porção de cobras negras não tivessem avançado em sua direção.

Fiquei paralisado e horrorizado com o que vi. Elas o envolveram e cravaram as imensas presas em seu corpo.

Ele deu um urro de dor e gritou:

– Deus, ajude-me, pelo Seu amor e generosidade!

Tombou, todo envolto pelas serpentes, que o picavam incessantemente. Ainda o ouvi repetir várias vezes a frase "Deus, ajude-me!", até ser envolvido por uma espessa nuvem negra que saiu da grande boca da serpente negra. Uma rede o envolveu e ele foi sendo arrastado atrás da cobra, que ainda falou:

– Isto é o que acontece a quem me desafia!

Assim como chegou, partiu. O odor fétido e peçonhento foi sumindo, à medida que ele se afastava. Mal me recuperei, fui socorrer o companheiro do Cavaleiro e minha Princesa. O silêncio reinava absoluto pela primeira vez na assembleia.

Assim que consegui, saí dali tão rapidamente que os outros nem notaram. Nunca mais voltei à assembleia, apesar de já ter recebido inúmeros convites.

Quando chegamos à crosta, o amigo do Cavaleiro começou a recuperar-se. Voltou à forma original, mas havia perdido quase toda a sua luz e estava muito fraco.

–Vou levá-lo a um lugar melhor, amigo. Assim poderá recuperar-se.

– Não, Guardião. Preciso apenas ficar sozinho por algum tempo.

Afastamo-nos dele e, a distância, eu o vi orar aos céus.

Logo depois, uma luz vinda do alto jorrou sobre ele e em pouco tempo estava iluminado novamente. Aproximou-se de mim, com lágrimas nos olhos, e falou:

– Não se preocupe, Guardião. Nós o libertaremos, se ele suportar o horror que irá passar.

– Entenda o que digo, amigo: ele não resistirá ao poder do Príncipe das Trevas!

– Só ele sabe se é possível ou não resistir ao horror, mas não descansaremos enquanto não o libertarmos.

– Fui o culpado por tudo, amigo. Eu deveria ter ido no lugar dele. O escravo queria vingar-se de mim, não do Cavaleiro.

– Mas o Príncipe das Trevas queria vingar-se dele e não de você, Guardião. O que está feito, está feito, não se culpe. Você foi apenas um instrumento do Príncipe das Trevas.

– Não voltarei mais à assembleia, amigo.

– Se assim o fizer, não poderemos saber o que tramam os seres infernais.

– Outros que informem, pois eu não voltarei mais àquele lugar. Fui traído! Ninguém nunca foi incomodado durante suas visitas à assembleia. Esta foi a primeira vez, desde que eu a frequento.

– Não vou pedir-lhe isso, Guardião, mas não desafie o Príncipe das Trevas por causa do Cavaleiro da Estrela da Guia, pois não foi culpa sua. Nós cuidaremos de libertá-lo.

– Ele havia me pedido para ajudá-lo, amigo. Eu o acompanharei quando quiser.

– Agradeço a sua ajuda, Guardião. Assim terei mais tempo para procurar o Cavaleiro.

– Da guarda de sua tenda, eu cuido. O maldito que ousar chegar até ela com más intenções será degolado, senhor João de Mina.

– Não precisa ser cruel, Guardião. Não se combate e vence o mal com o mal, mas com o bem. Esta terá de ser a arma de luta do Cavaleiro da Estrela da Guia, se quiser vencer o Príncipe das Trevas.

– Já fui torturado no umbral e não resisti, meu amigo.

– Mas você tinha sua consciência contra si próprio. Ele não a tem. Por isso, acredito que resistirá.

– Quem era ele, amigo?

– Era um mestre da Luz e um mago das três cruzes. Já foi provado outras vezes e sempre venceu. Quero crer que vencerá esta também. Venha comigo, Guardião, e conhecerá o lugar onde procuro ajudar os que buscam a Luz.

– Eu o acompanharei, amigo.

Minha Princesa chorava e ele a consolou:

– Não chore, Princesa. Tudo já passou.

– O Cavaleiro também passou, mesmo sendo um ser da Luz. Ele foi o único deles que conversou comigo e me deu uma esperança para o futuro. Eu tinha um ser da Luz e um das Trevas para amparar-me. Volto a ter somente o das Trevas. Sinto-me abatida com o que aconteceu. Todos nós perdemos com o desaparecimento do Cavaleiro. Sou das Trevas, mas também tenho sentimento de amor, ser da Luz.

– Não posso tomar o lugar do Cavaleiro no seu coração, nem ocupar o seu lugar, mas sou amigo dele, Princesa, e espero poder ser seu amigo também. Venha comigo e encontrará outros iguais a você, que estão bem próximos da Luz e querem conquistá-la, ainda que para isso tenham de esforçar-se muito.

Ela olhou para mim e eu assenti com a cabeça em sinal de aprovação. Acompanhamos o velho ser da Luz.

O tempo ia passando e nós guardávamos o seu templo. Às vezes, usávamos nossa força para desmanchar trabalhos de magia negra ou feitos na linha da Quimbanda, mas havia alguém que não saía de nossa mente: o Cavaleiro.

Eu era ligado aos dois guardiões que já citei. Juntos formávamos um trio poderoso, e um protegia o outro. Lealdade era o que mais prezávamos. Acabávamos com quem nos traísse, não importava quem fosse.

Comecei a juntar forças com outros guardiões da Lei nas Trevas. Agíamos na lei de causa e efeito ou na lei do retorno.

Mais tarde, outros grandes guardiões vieram gradativamente unir-se a nós: o leal e esforçado Guardião das Sete Porteiras; o poderoso Exu do Fogo; o Exu do Cruzeiro, o primeiro dos vinte e um Exus do poderoso Guardião do Ponto de Força nas trevas do cemitério, e o Guardião das Pedreiras, o poderoso Sete Montanhas.

Nosso grupo de sete guardiões tinha algo em comum: nada de traições. Não cobríamos todas as linhas de força, mas éramos intocáveis.

Nesses tempos, dávamos guarda a vários templos de Umbanda. Nossas falanges se desdobravam rapidamente, trabalhávamos sob o comando dos orixás, e isso nos evitava problemas maiores. A ordem era cumprir a lei do carma, e nós a cumpríamos à risca.

O tempo passou e não tínhamos notícias do Cavaleiro da Estrela da Guia.

Um dia, um Caboclo nos incumbiu da guarda de um novo templo na cidade do Rio de Janeiro. Cumpríamos a sua ordem com muito esforço. O templo crescia a olhos vistos; trazia muita força e por isso era muito procurado por quem tinha problemas. Em consequência, sofria choques medonhos das Trevas e mesmo de outros guardiões de pontos de força.

Lutávamos na retaguarda até recebermos ordens de um Orixá maior para que partíssemos para o ataque. Não sei qual foi o mais cruel dos sete. Sei apenas que enchi minhas correntes de escravos. A espada cortava de um lado e o chicote cantava de outro.

Devastamos três falsos templos de Umbanda, todos dirigidos, na verdade, por magos negros que se aproveitavam das Trevas para explorar os incautos e aqueles que sofriam de um mal muito grande: a ignorância de como é a verdadeira Umbanda de Lei. Dois dos magos negros, travestidos de pais-de-santo, foram tirados da carne. Levamos seus espíritos para um local que não vou revelar. Um deles está até hoje em minha corrente.

Invadimos também uma famosa roça de Candomblé, dirigida por uma maga negra, travestida de babá. Havia muitos seres infernais defendendo-a, mas, mesmo assim, após sete dias de luta, nós a tiramos da face da Terra. O Guardião das Sete Portas, ainda hoje, costuma chicoteá-la todas as vezes que ela ousa levantar a cabeça.

O astral negro tremia com nossas ações. Até os seres infernais nos temiam. À nossa chegada, todos se aquietavam.

Nessa época fui convidado a voltar à assembleia, mas recusei o convite. Muitos guardiões também se afastaram dela. Outros tomavam o lugar daqueles que não mais a frequentavam, mas a assembleia não se esquecia de mim. Sempre vinha alguém à minha procura, mas eu me mantive irredutível. A captura do Cavaleiro da Estrela da Guia fora uma traição.

Um dia, numa missão com o Caboclo chefe, perguntei-lhe por que era calado quando não estava incorporado no seu médium.

– Não gosto de falar muito, Guardião.

– E por que é triste?

– Não sou triste, só calado.

– Posso ver a tristeza em seus olhos. Tem alguém no astral inferior?

Ele me olhou sério por um instante, mas não falou nada. Continuamos sem nada dizer. Esse era o seu modo de ser, e o melhor seria calar-me.

Quando chegamos ao lugar onde haviam pedido ajuda, acautelei-me. Era uma casa simples, mas com uma placa que indicava ser um centro espírita. Estava tudo quieto no seu interior.

O Caboclo entrou e logo me chamou para entrar também. O ser da Luz que vi me deixou espantado: era minha antiga esposa, agora freira. Eu a saudei discretamente, pois já fazia muito tempo que não a via. Melhor dizendo, só a vira uma vez após minha morte, na grande biblioteca.

Ela se retraiu com minha presença, mas o Caboclo a tranquilizou dizendo que eu era um aliado.

– Ele não me é estranho, mas não me lembro de onde o conheço.

Adiantei-me um pouco e pedi licença para falar com ela, pois temos de pedir licença para falar com um ente de Luz.

– Fale, Guardião! – disse o Caboclo.

– Eu a encontrei na biblioteca do Grande Oriente Luminoso, há muito tempo. Não se lembra de mim, madre?

– Agora o estou reconhecendo, Guardião.

E dirigindo-se ao Caboclo, falou:

– Ele estava com seu filho. Ofereceu-me ajuda, caso eu viesse a precisar.

O Caboclo nada falou, mas notei que sua tristeza aumentou.

– Ainda não o encontraram, Caboclo?

– Não, madre, mas um dia o acharemos. Não se preocupe. Qual é o seu problema?

– Estamos sendo atacados por forças das Trevas. Meu pai foi atingido.

– Como está ele?

– Vamos até o quarto e poderá ver como está.

Eles foram. Eu estava curioso, mas não entrei. Continuei ali dando uma olhada e logo descobri o que prejudicava o lugar. Achei melhor comunicar ao Caboclo. Entrei no quarto e fiquei triste com a cena que vi: um homem de cabelos embranquecidos estava sobre o leito. Mal conseguia respirar, e a madre irradiava luz sobre sua cabeça para aliviar um pouco seu sofrimento.

– Com sua licença, Caboclo; achei a causa desta perturbação.

– Qual é, Guardião?

– É o Cobra Negra. Vi algo que lhe é peculiar: uma vasilha com veneno sob o chão da sala. Creio que debaixo da cama deve haver outro recipiente como o que há sob a sala.

– Pode eliminá-los?

– Se me deixar agir à vontade, limpo o ambiente e depois vou falar com ele.

– Pode agir, Guardião.

Mergulhei sob a cama e logo voltei com um vaso que emanava um substância negra. Era um dos muitos venenos do Cobra Negra. Fui até a sala e retirei o outro. Com os dois vasos nas mão, desapareci. Tornei a aparecer no ponto do Cobra Negra, por quem fui mal recebido.

– O que deseja, Guardião da Meia-Noite?

– Vim devolver-lhe isto. Acho que lhe pertence, não?

– Sim, são meus. Uns escravos meus colocaram na casa daquele idiota.

– Por quê, Cobra Negra?

– Fui pago para isso, Guardião da Meia-Noite. Só faço algo se for pago, e muito bem pago.

– Estou encarregado de eliminar o foco de mal-estar daquela casa e quero saber como fazê-lo para retirar suas forças de lá.

– Assim, sem mais nem menos?

– Não sei. Depende de você, companheiro. O que quer para cessar sua ação?

– Uma oferenda igual à que ganhei para agir.

– Impossível! Lá, eles só trabalham na Fé, não na Lei. Temos de achar outra saída.

– Não há outra saída, Guardião da Meia-Noite.

– Há, sim, companheiro.

Chamei meus auxiliares mais poderosos e o ponto do Cobra Negra ficou todo cercado.

– O que pretende fazer, Guardião?

– Aquela casa é dirigida por uma mulher muito especial para mim, Cobra Negra. Por ela, degolo você e toda a sua falange.

– Você enlouqueceu, Guardião?

– Nunca estive tão lúcido como agora.

– Quem é a dirigente do local?

– Minha antiga esposa.

Ele deu uma gargalhada.

– E a Princesa, Guardião? Já não liga mais para ela?

Puxei minha longa espada e ele parou de rir no mesmo instante.

– Vamos conversar, Guardião. Podemos nos entender de outra forma. Não precisa trazer toda a sua legião até aqui.

Meus auxiliares continuavam chegando às centenas.

– Assim é melhor, Cobra Negra. O que me oferece para não degolá-lo?

– Como? Eu ainda tenho que dar-lhe algo?

– Sim, pois estou irritado, companheiro, e minha falange não vai querer voltar de mãos vazias.

– Como posso cumprir o que me pediram, se você entra no meio e ainda me cobra algo?

– Dê-me quem lhe pediu tal coisa e já estarei satisfeito.

– Vamos! Vou mostrar-lhe quem foi, apesar de você já saber.

– Sim, já sei. Quero apenas que você vá na frente.

Assim fizemos e, logo, estávamos com o responsável pelo trabalho de magia negra. Coloquei uma falange para dar uma lição na pessoa, a qual tinha o Cobra Negra como Exu guardião. A partir daquele momento já não o teria mais, pois ele foi obrigado a ficar quieto, enquanto os meus a quebravam.

Destaquei um dos meus carrascos para executar tal tarefa. Sabia que ele logo me daria notícias.

– Vamos, Cobra Negra! Você vai limpar suas irradiações daquela casa!

Fomos para lá e, pouco depois, ele limpava toda a casa. Do subsolo saíram centenas de cobras. Assim que terminou, eu o adverti.

– Quando o carrasco largar aquele lixo humano, cuide para que não incomode mais esta casa.

– Fique tranquilo, companheiro. De lá não virão mais preocupações para esta casa.

– Devo-lhe esta, companheiro.

– Um dia desses nós acertamos, Guardião.

Ele se foi e eu notei que o homem estava quase bom.

– Vejo que já terminei meu trabalho. Vou esperá-lo lá fora, Caboclo. Se precisar de mim, é só chamar.

A madre agradeceu-me.

– Obrigada, Guardião. Não sabia que trabalhava tão rapidamente.

– A senhora disse que era seu pai e eu tratei do caso com mais energia.

– Sim, este homem foi meu pai no passado. Hoje eu o auxilio aqui nesta casa, juntamente com outros irmãos de Luz.

– Se não se incomodar, de vez em quando passarei por aqui e, caso tenha algum problema, eu a ajudarei.

– Novamente oferece ajuda, Guardião. Eu lhe agradeço.

– Com sua licença.

Saí e fiquei de guarda até que o Caboclo saísse também. Quando já estávamos de volta, ele falou:

– Agora já sabe por que sou triste, não?

– Sim, e eu fui o causador de tudo. Parece que o destino me marcou com ferro em brasa.

– Ele não marcou apenas você, mas a mim também.

– Sinto por seu filho. Eu tinha grande respeito por ele.

– Sei disso, Guardião. Não o estou culpando de nada.

– Mas eu me culpo, Caboclo. Seu filho era bom e não merecia aquele fim.

– Não foi o fim dele, Guardião. Logo o teremos de volta.

– Gostaria de acreditar nisso, Caboclo, mas não tenho a sua fé.

Ele não falou mais nada e eu fui para o meu lugar.

O tempo ia passando, enquanto eu vigiava a casa da madre. De vez em quando eu me mostrava a ela, mas era raro. Quando via algo estranho rondando a casa de seu pai, eu arrastava tudo para o meu ponto e acabava com o problema.

Nas vezes em que me mostrava, apenas acenava, mas não trocávamos palavra alguma. Talvez ela já soubesse quem eu era, e eu não queria arriscar-me a mergulhar de novo no passado. Numa de minhas rápidas passagens, ela me chamou.

– Salve, Guardião da Meia-Noite!

– Salve, madre! Como vai sua casa?

– Desde que você começou a ajudar-me, tudo tem sido mais fácil. Acho que deveria ter aceito há muito sua oferta de ajuda.

– Tudo tem a sua hora, mas nós, os entes das Trevas ligados às leis, temos algo de bom, ainda que possa parecer estranho: queremos ajudar a Lei.

– Podia me dizer o porquê disso, Guardião?

– Acho que procuramos mostrar à Luz que não caímos por vontade própria, mas que fomos vítimas de nossa ignorância; ou talvez para mostrar à Luz que somos poderosos e que podemos ser o seu apoio no astral inferior. Quem sabe sejamos exibicionistas e procuremos mostrar-nos à Luz; mas também pode ser que tenhamos vergonha de nosso passado e queiramos um contato com a Luz apenas para não cairmos mais ainda. Acho que o contato com a Luz amortece, um pouco, a nossa brutalidade interior.

– Fala muito bem para um ente das Trevas, Guardião. Vejo que não é ignorante do saber.

– Eu o fui quando na carne, mas depois aprendi muito, madre. Pena que não soubesse de tudo naquele tempo. Hoje eu não estaria nas Trevas.

– Por que anda sozinho, Guardião?

– Não ando sozinho, madre. Olhe minha falange. É enorme.

– Não foi isso que quis dizer. Outros entes das Trevas andam sempre com muitas companheiras, mas nunca o vi acompanhado de nenhuma.

– Eu só tenho uma companheira e, quando saio a serviço, ela fica tomando conta da casa.

– Isso explica por que anda sempre só.

– Bem, madre, já falamos demais. Preciso ir agora.

– Agradeço sua ajuda, Guardião. Se todos os outros fizessem como você, haveria menos luta entre a Luz e as Trevas.

– Muitos o fazem, madre. Conheço alguns que já auxiliam a Luz há milênios e nada exigem em troca.

– São muito nobres.

– Nobres? Não! Trabalham para não viver com o passado a cobrar lhes, dia e noite, seus erros. Muitos saldam suas dívidas e passam para a Luz.

– Você nunca pensou em passar para o lado da Luz, Guardião?

– Ainda não saldei dívida alguma. Sou Guardião há muito pouco tempo, madre. Talvez, daqui a alguns milênios, eu possa passar para a Luz.

– Foi tão grande assim o seu erro?

– Maior do que você poderia imaginar, mas não gostaria de falar do meu passado. Quem sabe um dia eu não sinta tanta vergonha dele.

– Orarei para que o consiga no menor tempo possível.

– Não ore por mim, madre, pois, se soubesse os horrores que cometi, iria odiar-me.

– O ódio já não faz morada em meu coração, Guardião.

– Vejo que é realmente um ser de Luz.

– Mas ainda sujeita a recordações do passado. É por isso que voltei à crosta. Procuro auxiliar aqueles que precisam para que evoluam o mais rápido possível e, assim, possam ter, um dia, o passado como lembrança, não como o presente de suas existências.

– Pois, para mim, o passado ainda é presente. Agora peço sua licença, pois outros afazeres me aguardam. Até a vista, madre!

– Até a vista, Guardião!

Saí com a nítida impressão de que ela sabia de alguma coisa e, daí em diante, sempre mandava um de meus melhores auxiliares fazer a ronda na casa dela em meu lugar.

CASTIGO AOS TRAIDORES

Por volta de 1948, o Caboclo falou-me que seu filho havia sido libertado das garras do Príncipe das Trevas pelos magos do Grande Oriente.

– Fico feliz com essa vitória, Caboclo. Ele venceu sua prova, então?

– Sim e não, Guardião.

– Como isso é possível, Caboclo? Venceu ou não venceu? – indaguei.

– Venha, Guardião. Vou levá-lo até onde ele está.

Fomos até um grande templo no Grande Oriente. Eu já estivera lá outras vezes, na companhia do velho João de Mina, e sabia qual era a função do lugar. Ali, os mestres da Luz recebiam os casos mais graves. Iam para lá entes da Luz que caíam em combate com as forças das Trevas ou vítimas de magias negras e encantamentos.

Quando vi o Cavaleiro da Estrela da Guia, acredite se quiser, novamente senti que lágrimas corriam dos buracos oculares desta caveira. Não parecia nem um pouco com o cavaleiro que conheci. Não tinha luz alguma e seu corpo astral estava reduzido a um farrapo.

Gemia, de vez em quando, e dizia: "Deus, me ajuda, pois confio em Ti". Não sei dizer se eram as dores ou as lembranças do horror que o faziam repetir a frase, nem qual das duas era pior. O fato é que, durante o tempo em que ficamos perto dele, a ouvi várias vezes.

Uma senhora estava sentada a um canto e chorava muito. Soube depois que fora sua última mãe.

O Caboclo falou:

– Vê, guardião! Meu filho está alucinado pelo horror. O que o mantém é sua fé, mas a loucura tomou conta de seu mental.

– Eles não podem fazer nada para aliviar o sofrimento dele.

– Estão tentando, mas está difícil. Já aliviaram um pouco sua mente, porém não podem ir além. Se forçarem, ele ficará igual a um débil mental. Sabe por que ficam assim, não?

– Não. Pode me ensinar, Caboclo?

– Sim, Guardião. Os débeis, que você vê na carne ou no astral, sofreram o horror do inferno. Seus mentais foram tomados pelo horror e, num ato de desespero, se autodestruíram. Quando voltam à carne, não conseguem coordenar as funções dos sete sentidos, pois não os têm completos.

– Isso é eterno?

– Não, mas leva muito tempo para que os readquiram.

– O passado é implacável, não, Caboclo?

– Sim, Guardião. Em muitos casos os reencarnacionistas têm de paralisar o mental para que possam reconstituir, primeiro o espírito destruído e, depois, em melhores condições, reativar o mental anestesiado. Isso pode demorar séculos. Você nunca viu pessoas aparentemente perfeitas e normais enlouquecerem na carne?

– Sim, já vi vários casos. E por quê, Caboclo?

– É um mental que estava se recompondo e que trouxe de volta o horror do passado.

– Isso contraria os médicos da terra, Caboclo?

– O que sabem eles sobre a loucura, se mal conhecem o corpo físico e praticamente nada sabem sobre o corpo mental.

– Mas eu tenho visto alguns gênios no assunto.

– Não sabem nada, Guardião. O que fazem é aliviar o mental com calmantes que paralisam o cérebro, e nada mais. O calmante serve apenas para isso, mas o horror continua, até que o espírito o esgote todo, na carne e na alma.

– Isso é novo para mim, Caboclo.

– Pois isso é o umbral, Guardião. Uma criação mental em que nem a Luz nem as Trevas podem penetrar. Lá, somente o Criador modifica um espírito. As luzes que você viu comigo na zona neutra são emanações do Criador, que envolvem espíritos que vivem o horror do umbral e são recompostos para o reencarne.

– E como reencarnam?

– Débeis mentais, Guardião. Mas levam no mental uma centelha do Criador divino, que vai se expandindo e, com o tempo, voltam ao estado normal.

– Como posso entender melhor sobre tão vasto assunto, Caboclo?

– Vá à biblioteca do Grande Oriente e peça livros sobre o mental. Logo você saberá tudo o que a maioria não sabe!

– Irei, Caboclo.

– Está preocupado com meu filho?

– Sim. Talvez um dia eu possa auxiliá-lo, se ele voltar à carne com alguma anormalidade.

– Isso não acontecerá, mas, assim mesmo, eu lhe agradeço.

– Foi tudo minha culpa.

– Não caia no umbral, Guardião. Você tem criado uma culpa mental que não lhe pertence. O que ele sofreu foi uma cobrança do passado. Excedeu-se quando tinha o poder e agora paga o preço da Lei.

– Não entendo, Caboclo. Poderia me esclarecer?

– Pois não. Num tempo muito antigo, ele foi um grande guardião e se autopromoveu juiz de muitos, quando devia combater apenas aos que serviam às Trevas. Não soube poupar aqueles que haviam sido conduzidos a tal situação ou por não terem escolha, ou por ignorância. Quem nasce num determinado meio não é culpado por ter sido influenciado por ele. Aqueles que eram nascidos em lugares dominados por mestres das Trevas, quando muito, poderiam ter sido esclarecidos e não castigados. Isso deveria ter sido feito com os chefes e não com os discípulos. O que ele sofreu foi uma cobrança da lei de causa e efeito. Criou um carma muito forte e sofre as consequências até hoje.

– Isso me assusta, Caboclo.

– Por quê, Guardião?

– Um dia terei que acertar minhas contas também.

– Já não as estará pagando, Guardião?

– Duvido. Isso é nada perto do que fiz.

– Lembre-se do que disse há pouco: quem vive num meio, não é culpado por agir de acordo com suas regras. Muitas vezes nos excedemos em certos preconceitos que podemos saldar em pouco tempo.

– Ainda assim, não estou tranquilo. Mas, diga-me, como conseguiram libertar seu filho?

– Um outro guardião capturou o ser que o denunciou ao Príncipe das Trevas e o obrigou a dizer onde ele se encontrava. Depois disso, foi fácil para os magos da Luz libertarem meu filho.

– Qual foi o guardião? Preciso conhecê-lo.

– Foi o Guardião dos Sete Portais das Trevas.

– Já o conheço. Não é de muita conversa.

– Cuidado com ele, pois não é de muita conversa e não gosta de ser incomodado por motivos banais.

– O que eu quero dele não é coisa banal. Vou procurá-lo assim que sairmos daqui, caso não vá precisar de mim.

– Não precisarei, mas cuidado, pois a cobrança já foi feita, e você poderá incorrer em novo erro.

– Talvez tenha razão, mas o perdão só existe na Luz. Nas Trevas, o que importa é a vingança e o acerto de contas.

– Vingança não é o melhor remédio para curar as chagas do passado.

– Isso vale para quem habita a Luz, Caboclo. Nós, que vivemos nas Trevas, ou destruímos ou somos destruídos. Lá não existe humildade, amor ou caridade. A lei do ódio é absoluta. Veja seu filho e depois me condene, se achar que estou errado.

– Eu não condeno ninguém. Apenas esclareço as consequências dos atos de cada um.

Nisso, entrou uma mulher coberta com um manto vermelho e dourado.

Eu me recolhi, pois nunca havia visto tal figura antes. A curiosidade se despertou em mim, mas calei-me. Ela se aproximou do leito em que o Cavaleiro estava deitado, olhou para ele e acariciou sua cabeça... Fiquei observando... Ela era imponente.

– Mais uma vez cheguei tarde. Por que tem de ser assim? – disse ela, em voz baixa.

– Não adianta lamentar agora, Rainha – falou a mãe do cavaleiro. – Não poderá fazer nada, por enquanto.

O ar de importância cedeu lugar a uma tristeza profunda. Ela tirou o pano que lhe cobria a cabeça e eu pude ver o quanto era bela. Pelos símbolos no cetro que carregava, vi que também era uma servidora da Lei.

Perguntei ao Caboclo:

– Quem é ela?

– Uma guardiã das Trevas como você, só que trabalha na linha dos encantos e dos elementos. É a guardiã de um dos pontos de força na natureza ligados aos mistérios maiores.

– Isso eu não conheço, Caboclo.

– Ainda é cedo para que possa saber de tudo, Guardião. O tempo ensinará.

– Por que ela está chorando?

– Você não choraria se algo acontecesse à sua Princesa?

– Isso quer dizer...

– Sim, é isso mesmo. Quer que eu o apresente a ela?

– Não! Se ela souber que ele está assim por culpa minha, terei problemas depois.

– Teme tanto assim algo que fugiu ao seu controle, Guardião? Se pensar assim, acabará voltando ao umbral.

– É melhor assumir de vez minha responsabilidade.

– Vamos, então.

Eu a conheci e ela não me culpou de nada. Aceitava tudo como inevitável.

– São coisas do nosso destino. Não muda nunca. Quando um sobe, o outro cai. Até quando se repetirá, Caboclo.

– Não sei, Rainha. Quem pode responder a essa pergunta não se faz visível para nós. Quem sabe um dia tudo termine.

– Assim espero, pois já estou cansada de tanta luta. Há momentos em que gostaria de largar tudo, mas nem isso me é permitido.

– Confie no futuro e terá forças para o presente.

Ela nada respondeu. O manto negro do silêncio a envolveu. Despedimo-nos e partimos.

O Caboclo foi cuidar de seus afazeres e eu fui ao encontro do Guardião dos Sete Portais das Trevas. Procurei o companheiro das Sete Portas, pois era nos seus domínios que eu iria adentrar. Ele concordou em conduzir-me ao seu chefe, o maioral no seu ponto de força na lei da natureza.

Ao entrar em seus domínios, vi o quanto era poderoso. Quando nos aproximamos de sua morada, fomos barrados por lanceiros negros que, depois de algumas palavras com o meu guia, permitiram nossa passagem.

Percebi que ali só entrava ou saía quem obtivesse permissão. Na assembleia, eu nunca havia desconfiado do grande poder do Guardião dos Sete Portais. Ao entrarmos em seu castelo, fui obrigado a deixar minhas armas com um soldado da Antiguidade, enquanto outro nos conduziu ao seu encontro. Quando estava diante dele, perguntou-me:

– O que deseja, Senhor da Meia-Noite?

– Vim ao seu encontro porque fiquei sabendo que há alguém em seu reino que me pertence.

– Todos os que estão nos meus domínios me pertencem. Isso é indiscutível! Mas, se eu achar que pode levá-lo, eu o darei de presente. Quem é o infeliz?

– É aquele que denunciou o Cavaleiro da Estrela da Guia ao Príncipe das Trevas.

Ele deu um gargalhada e, com os seus olhos frios, que pareciam atravessar meus ossos, lançou umas faíscas em minha direção.

– Quem disse que ele lhe pertence?

Eu me assustei com seu tom de voz.

– Tenho contas a ajustar com ele.

– Vou mostrar-lhe onde ele está.

Num relance, estávamos numa localidade infernal.

– Que lugar é este, senhor Guardião dos Sete Portais?

– Aqui é onde reeduco os traidores.

– Tem lugar até para isso?

– Para cada tipo de delito, tenho um lugar para reeducação. É por isso que sou o Senhor dos Sete Portais das Trevas.

– Entendo.

– Ainda não entende, Senhor da Meia-Noite. Tem apenas um vaga ideia.

Olhando para um dos guardas do lugar, ele falou:

– Traga-me o canalha que servia a Lúcifer.

Num instante ele foi trazido. Tinha uma corrente no pescoço e o corpo reduzido a pele e ossos. Tinha marcas por todo o corpo.

– Ei-lo aí, Senhor da Meia-Noite. É isso aí que lhe pertence? Acha que o castigaria melhor do que eu? Duvido!

– Acho que eu não faria melhor para ele pagar a traição.

– Pois não estou cobrando a traição de agora. O que ele está pagando é uma outra, cometida há quatro mil anos, quando ainda era um miserável e ganancioso sacerdote. Agora é que ele vai pagar essa traição. Conseguiu escapar de mim por muito tempo, mas agora vai passar o mesmo tempo em meu reino. Quando eu o soltar, será o mais perfeito dos espíritos, pois terá medo até de se olhar.

– Posso falar com ele?

– À vontade, Senhor da Meia-Noite.

Eu me aproximei e chamei-o pelo nome.

– Vamos, traidor! Encare-me agora!

– Ajude-me, amo! Eu imploro sua ajuda! Estão acabando comigo!

– Que pena, não? Devia ter pensado nisso antes de me trair. Por que não veio acertar suas contas comigo, em vez de descarregar seu ódio no meu amigo da Luz?

– Ele também foi culpado por minha queda. Assim me vinguei dos dois.

– Conte-me sua história, cão! Depois verei o que posso fazer por você.

– Nós dois já fomos irmãos num passado longínquo. Não nos dávamos muito bem e isso foi o princípio de toda a discórdia.

– Diga a ele o que você fez naquela época, traidor! – gritou, irado, o Guardião dos Portais.

– Eu era um grande mago negro e usei o conhecimento dos mistérios das Trevas para matá-lo. Caí muito quando desencarnei. Consegui integrar-me às legiões de Lúcifer e, de lá, comecei a persegui-lo implacavelmente. Quando você reencarnou, logo reencarnei também. Mas vim sem poder algum e, ainda, como seu escravo. Na carne, eu não me lembrava de nada, mas ainda assim o odiava. Quando me ofereceu a liberdade, vi a oportunidade de ganhar com sua oferta. Eu já vinha trabalhando para virar sua cabeça. Aquilo que aconteceu entre você e sua esposa foi resultado do trabalho de um feiticeiro africano.

– Quer dizer que eu estava sendo obsidiado?

– Isso mesmo, amo.

– Que imbecil eu fui. Por que só agora descubro isso?

– Lúcifer encobriu tudo com sua capa vermelha e negra – explicou o Guardião dos Sete Portais. – Ele usou este imbecil para derrubá-lo. O assassino que o conduziu até onde estava sua esposa também era um instrumento dele.

– Onde está aquele canalha? Tenho procurado por ele em todos os lugares e não o encontro!

– Ele está integrado às hostes de Lúcifer.

– Diga-me, senhor Guardião dos Sete Portais das Trevas, o que foi que ele fez para traí-lo milênios atrás?

– O Cavaleiro era seu protetor à direita e eu à esquerda. Por ambição, ele praticou uma cerimônia negra que o envolveu em fios tão fortes, que até nós fomos envolvidos. Muitos dos meus caíram nas garras de Lúcifer. Ele me odeia por eu ser um guardião da Lei e tirar-lhe muitos escravos. Você caiu, o Cavaleiro caiu e eu caí; todos vítimas do mesmo canalha, esse traidor aí.

Contou-me sobre como fora o golpe para apossar-se do meu reino. Ao final de tudo, eu era outro: agora conhecia todos os fios do destino.

Quando já me retirava, ele implorou:

– Irmão, não me deixe aqui!

– Não o deixarei, irmão. Assim que você pagar o que deve ao Senhor dos Sete Portais das Trevas, virei buscá-lo para que me pague também!

E ele ficou ali, lamentando-se de sua falta de sorte.

CONHECENDO A LEI

Quando já estávamos no salão do Guardião dos Sete Portais das Trevas, pedi a ele que revelasse o meu passado.

Das coisas que me falou, vou dizer-lhe apenas que eu havia sido um grande iniciado, e que caí por causa do meu irmão. Ele disse também que o Cavaleiro havia sido meu pai há sete mil anos, e que minha esposa, a madre, já havia sido filha dele, assim como a minha Princesa.

– Então é por isso que ele nos conduziu ao serviço da Lei. Queria nos elevar sem que percebêssemos nada.

– Sim. Ele tem passado os últimos milênios ajudando os seus. Saiba que você foi bisneto dele na última encarnação, Senhor da Meia-Noite. A fortuna que herdou provinha do que ele deixara aos filhos, e estes aos netos e, quando você veio à carne, tudo estava preparado para que fosse um grande homem. Mas você enveredou por um caminho estranho e colocou tudo a perder.

– Qual seria o meu caminho?

– Seu sogro iria indicá-lo para um cargo importante na corte do rei. Lá, você poderia usar toda a sua inteligência para coisas boas em relação à colônia. O porquê você já sabe. Só uma coisa boa resultou de todo o esforço do Cavaleiro.

– O que foi?

– Sua antiga esposa usou toda a sua fortuna em benefício daqueles que eram amparados pela ordem que ela abraçou. A fortuna foi diluída entre muitos que nada tinham além da própria vida.

– Melhor assim.

– Além do mais, imbecil, ela era virgem!

Sua voz trazia um rancor profundo. Engoli o "imbecil" como um elogio, pois fui muito mais que isso. Ele bateu o pé e o recinto ficou cheio de belas mulheres.

– Olhe, idiota! Todas elas são minhas e ainda assim não toco em nenhuma. Mas, mesmo que eu escolhesse uma, após minha escolha eu a aceitaria como ela é e não como eu gostaria que fosse.

Novamente engoli a ofensa como uma boa reprimenda. Eu mereci ouvir aquilo de um ente das Trevas superior a mim!

Ele tornou a bater o pé e as mulheres se foram, e eu pensei: "Como é poderoso o Guardião dos Sete Portais das Trevas". Ele leu o meu pensamento.

– Não pense que consegui meu poder sendo um tolo. Sempre dormi com um olho aberto. Nunca deixei uma ofensa sem resposta, nem um inimigo mais fraco sem conhecer meu poder. Nunca deixei de respeitar um igual ou de temer um mais forte. Foi assim que consegui tanto poder. Também nunca saí da lei do carma. Não derrubo quem não merecer, nem elevo quem não fizer por merecer. Não traio ninguém, mas também não deixo de castigar um traidor. Leve o tempo que for necessário, eu o castigo. Não castigo um inocente, mas não perdôo um culpado. Não dou a um devedor, mas não tiro de um credor. Não salvo a quem quer perder-se, mas não ponho a perder quem quer salvar-se. Não ajudo a morrer quem quer viver, mas não deixo vivo quem quer matar-se. Não tomo de quem achar, mas não devolvo a quem perder. Não pego o poder do Senhor da Luz, mas não recuso poder do Senhor das Trevas. Não induzo ninguém a abandonar o caminho da Lei, mas não culpo quem dele se afastar. Não ajudo quem não quer ser ajudado, mas não nego ajuda a quem merecer. Sirvo à Luz, mas também sirvo às Trevas. No meu reino eu mando e sei me comportar. Não peço o impossível, mas dou o possível. Nem tudo que me pedem eu dou, mas nem tudo que dou é porque me pediram. Só respeito a Lei do Grande da Luz e das Trevas, e nada mais. É isso que o Grande exige de mim; portanto, é isso que eu exijo dos que habitam o meu reino. Não faço chorar o inocente, mas também não deixo sorrir o culpado. Não liberto o condenado, mas também não aprisiono o inocente. Não revelo o oculto, mas não oculto o que pode ser revelado. Não infrinjo a Lei e pela Lei não sou incomodado. Agora sabe de onde vem meu poder, Senhor da Meia-Noite. Sou um dos sete guardiões da Lei nas Trevas; os outros seis, procure-os e a Lei lhos mostrará.

– Por que o senhor não socorreu o Cavaleiro em sua queda?

– Foi a Lei Maior que assim determinou; por isso eu me calei. Mas quando Ela saiu em seu auxílio, eu arrasei o reino de Lúcifer para saber onde estava o Cavaleiro, e acabei descobrindo, pois foi a Lei que me ordenou que assim o fizesse. Ele teve de calar-se e entregar-me o culpado.

– Obrigado, Guardião dos Sete Portais das Trevas! Deu-me uma sábia lição! Sou seu devedor!

— Nada me deve, Senhor da Meia-Noite. Gosto de ensinar a quem quer aprender, mas também gosto de castigar quem aprende e faz mau uso do saber.

Ele bateu o pé esquerdo e o recinto se encheu de entidades que haviam sido religiosos quando na carne.

— Eis aí um exemplo do mau uso do saber. Eles aprenderam tudo o que precisavam para suas missões na Terra, mas não seguiram o que pregavam. Usaram o que sabiam em benefício próprio ou para arruinar os que acreditaram neles. Olhe bem, Guardião da Meia-Noite, e verá que os que se diziam sábios, iluminados, profetas, grandes líderes religiosos ou grandes sacerdotes não passavam de otários, idiotas, tolos, imbecis, cegos e mal-intencionados. Verá entre eles todo tipo de defeito e nenhuma qualidade. Eram lobos uns, pois se aproveitavam e comiam suas ovelhas, e hienas outros, pois se contentavam em consumir os restos deixados pelo lobos. Uns e outros, hoje, choram pelo erro cometido, pela oportunidade perdida e pela luz não conquistada. Viveram do mundo e não pelo mundo. A Lei não os perdoou e os entregou a mim. Eu lhes dou o que merecem, porque sou um guardião da Lei nas Trevas, e esta é a minha missão.

A Lei não iria colocar um ser bom e iluminado para castigar os canalhas, nem colocaria um carrasco como eu para premiar aqueles que venceram suas provas. Não! Os guardiões da Lei na Luz têm uma função como a minha, mas afeita à luz: não deixam cair quem fez por merecer a ascensão. Eu não deixo subir os que fizeram por merecer a queda. Eu sou a mão que castiga e a que acaricia; sou a mão que derruba e a que levanta. Tudo isso eu sou, e, ainda assim, não sou infeliz, triste, arrependido ou ruim. Não sofro de remorso por castigar aquele que a Lei derrubou, assim como um guardião da Lei na Luz nada sente ao premiar quem merece. Sou o que sou, um guardião da Lei nas

Trevas, e me orgulho disso, porque sei que sou necessário a ela. E tudo isso você também é, ou será, se assumir todo o seu passado, resgatá-lo e se sentir feliz em servir à Lei. Ela o recompensará quando assim quiser, não porque você peça qualquer recompensa pelo seu trabalho, mas porque serve-a sem lamentar por estar nas Trevas, pois Luz e Trevas são dois lados do Criador. Há os que trabalham durante o dia e dormem à noite, mas também há os que trabalham à noite e dormem durante o dia. Há os animais que só saem de sua morada sob o sol, e aqueles que só o fazem sob o luar. Há o verão, mas há também o inverno. O que um aquece, o outro esfria. Há a primavera, mas há também o outono: o que um faz brotar, o outro faz recolher. Há o fogo para queimar e a água para saciar a sede. Há a terra para germinar e há o ar para oxigenar. Há tantas coisas e, no fim, são somente partes do Um. Por isso lhe digo, Guardião da Meia-Noite, há os anjos e os demônios. Os anjos habitam a Luz e os demônios as Trevas. Uns não condenam aos outros, pois sabem que são o que são porque assim quis o Criador. Aqueles que vivem no meio é que criam tanta confusão com suas descidas na carne. Do nosso lado, não há nada disso. Cada um sabe a que lado pertence. E os que não sabem, são os primeiros de quem nos apossamos. Esta é a Lei que rege a nós e a todo o resto da Criação. Não vou falar mais, pois precisaria de muito tempo para tal. Espero que possa sair daqui melhor servidor da Lei do que chegou.

– Agradeço suas palavras, Guardião dos Portais. Pena que eu seja muito pequeno para ajudá-lo, senão eu diria: se precisar de minha ajuda, é só pedir!

– Pois ainda lhe digo que a maior das pirâmides não prescinde da menor de suas pedras; a maior das aves, de sua menor pena; o maior teto, de sua menor telha, e o maior corpo, de seu menor dedo. O maior rio não rejeita a menor gota de chuva, nem o maior exército o seu mais fraco soldado. O maior rico é aquele que valoriza o menor dos seus bens. Muito mais eu poderia falar, mas me satisfaço em dizer-lhe: Obrigado, Guardião da Meia-Noite! Se eu precisar de seu auxílio, não terei vergonha de pedir-lhe, pois, por terem vergonha, muitos morrem. Morrem por terem desejado algo e não terem provado o seu gosto. Vergonha não faz parte de meu vocabulário e a palavra que mais prezo é "respeito". Aja assim e não será traído, nem odiado, mas respeitado. Nem os maiores passarão por cima de você, nem os menores lhe escaparão.

Ele parou de falar.

– Até a vista, Guardião dos Sete Portais das Trevas!

– Até a vista, Guardião da Meia-Noite!

A saída foi rápida. Quando já estávamos na crosta, agradeci ao companheiro que havia me acompanhado.

– Agora você sabe realmente quem ele é e por que é tão calado.

– Comigo não foi calado.

– Ele sabia que devia dizer-lhe tudo aquilo.

– Por quê?

– Eu não sei, mas ele sabe. Quer voltar lá para perguntar?

– Não. Outro dia perguntarei. Até a vista, companheiro!

Dali voltei ao meu ponto de força. Era exatamente meia-noite.

Quando cheguei, minha Princesa estava preocupada:

– Pensei que havia sido preso. Onde estava?

– Vou contar-lhe algo que a deixará estarrecida.

E comecei a falar sobre tudo o que tinha visto e ouvido. Quando terminei, ela estava mais apagada que nunca.

– Como tudo se encaixa perfeitamente, não?

– Sim, a lógica é perfeita. Não sobra uma única peça fora do tabuleiro. O destino puxa seus fios e nós somos guiados para onde ele quer, Princesa.

– Será que o Cavaleiro se recuperará?

– Não sei, mas os mestres da Luz saberão ajudá-lo.

– A mulher que você viu chegar, eu a conheço. Ela é a rainha do ponto de força das Trevas no mar. Serve à Lei na segunda linha de força da natureza.

– Mas, por que o Cavaleiro não a levou consigo?

– Isso é um mistério para mim. No momento certo, eu saberei.

– Quero saber também. Fale-me quando descobrir.

O tempo corria, pois eu me desdobrava no trabalho com os guardiões da lei na Luz. Muitos de minha linha atingiam o grau de guardiões, ou mudavam de lado e passavam para a direita.

O PERDÃO

Um dia, resolvi ir pessoalmente à casa de minha antiga esposa, a madre. Quando cheguei, não vi movimento algum e estranhei. A casa, que antes era um centro da linha branca, estava abandonada. O que teria havido?

Estava triste, sim, pela ausência da madre. Um Exu também sente tristeza. A falta de movimento de pessoas e almas, ali, tornava aquela casa triste também. "Pena que eu não tive coragem de lhe contar toda a verdade enquanto podia. Não a verei mais. Deve ter se elevado muito", pensava eu, alto.

– O que não teve coragem de me falar, Guardião da Meia-Noite?

Eu me assustei. Era a madre.

– Eu falava para mim mesmo, madre. O que aconteceu com seu templo?

– Meu pai terminou sua missão na Terra e os que ficaram responsáveis pelo grupo mudaram para outro local. Teria sabido se tivesse vindo aqui antes.

– Sinto muito, mas folgo em saber que conseguiu vencer mais uma luta, madre.

– Vim até aqui para ver se havia alguma alma em busca da Luz do saber divino e, quando o vi, aproximei-me e ouvi seus pensamentos. O que o atormenta tanto, Guardião? Ainda posso ouvi-lo, caso queira dizer-me algo.

Tomei coragem. Afinal, eu era ou não um guardião?

– Sou um canalha, madre?

– Por que se julga assim? Acaso age como tal?

– Não sei dizer, mas agi assim, muito tempo atrás, com a senhora.

– Não me lembro de ter tido tal desprazer.

– Pois eu sou o Barão, que a fez sofrer tanto no passado!

– Você é o Barão?

– Sim. O Cavaleiro não lhe falou quem eu era?

– Não! Ele sempre dizia que você estava bem, quando eu pedia notícias suas. Apenas isso.

– Muito nobre da parte dele.

– Sinto muito pelo seu estado atual, Barão.

– Não sofra por minha causa, pois não mereço compaixão alguma.

– Por que diz isso? Todos somos merecedores de compaixão.

– Não alguém como eu. E ainda mais sendo você a vítima, e eu o réu. Até hoje sinto vergonha pelo que...

– Nós sofremos só um pouco, e você já sofreu demais. Acho que não devia se condenar tanto.

– Eu poderei viver toda a eternidade nas Trevas, e ainda assim acharei que é pequeno o castigo que recebi pelo mal que causei a você e a tantos outros.

– Pois eu não guardo mágoas do que houve. Afinal, eu pude realizar-me como freira e meu pai já o perdoou há muito tempo.

– Quero agradecer por ter usado tão bem minha fortuna. Este é um ponto a meu favor. Saí da Terra e desci ao inferno, mas você soube transformá-la em paz aos menos favorecidos.

– Achei que você gostaria de saber.

– Soube há muito tempo, e foi isso que me deu coragem de vir aqui hoje.

– Espero que me perdoe por não ter sido a esposa que esperava que eu fosse.

– Você foi a melhor esposa que eu poderia ter merecido. Eu é que não soube portar-me como marido nem como homem. Só quero que saiba que eu a amei muito, ainda que ao meu modo.

– Fico feliz em ouvir isso. Eu também o amei e, depois que passou a mágoa pela sua desconfiança, senti sua ausência. Foi por isso que ingressei numa ordem religiosa. Quero que saiba que eu nunca fui tocada por outro, depois que você desencarnou.

– Sei disso. Não estou aqui para acusá-la de nada, mas, sim, para pedir-lhe perdão por tê-la tirado de sua família, por não ter sido um marido à altura e por tê-la julgado tão mal. Se não fosse por mim, você teria sido uma mulher feliz.

– Eu não tenho por que perdoá-lo, Barão. Quem sabe qual teria sido o meu destino, se você não tivesse surgido em minha vida? Também tenho de lhe pedir perdão por ter travado sua ascensão devido a uma falha em meu corpo físico. Se não fosse por isso, sua história seria outra. Eu fui culpada por sua queda.

– Não vim aqui para perdoá-la, madre, mas para ser perdoado. Perdoe-me, por favor! Só assim terei um pouco de paz!

– Se vai aliviá-lo, eu o perdoo com toda a minha sinceridade. Mas peço também seu perdão, pois, assim, terei um pouco de paz, sem me julgar culpada por sua queda.

– Eu não sou ninguém para perdoá-la. Sou um ser das Trevas e não posso dar nada a um ser da Luz.

Eu soluçava quando disse isso.

– Pois eu lhe peço: se um dia me amou de verdade, então me perdoe!

Ela estava chorando também.

– Só o farei se parar de chorar, madre. Não estou preparado para o pranto.

Ela olhou para mim e disse:

– Então, por que está chorando?

– Eu não choro, pois um esqueleto não pode verter lágrimas. São apenas soluços, engasgados por séculos, que saem de mim.

– Pois eu vejo como chora. Perdoe-me por ter tirado até isso de você!

– Eu a perdoo, se isso a deixa menos triste, mas saiba que fui eu mesmo quem tirou isso de mim.

– Penso que agora vamos ter um pouco de paz, não, Barão?

– Sim, madre. Agora vamos ter paz. Peço sua licença para ir embora. Caso algum dia venha precisar de minha ajuda, ordene e a servirei no que puder!

– Você também, Barão. Caso precise de meu auxílio, é só chamar e o atenderei no que puder!

– Obrigado, madre. Até a vista!

Envolvi-me com minha capa e saí andando da casa.

Não tinha pressa alguma em voltar ao meu ponto de força. Quando saí, ainda olhei para trás e vi lágrimas nos olhos dela. Era bastante elevada, por isso se julgava culpada pela minha queda.

Consegui seu perdão, mas também não tirei a dor e a mágoa de seu peito.

Já estava distante, quando tornei a olhar para trás. Ela estava na calçada, olhando para mim. Resolvi acabar com a dor, tanto dela quanto minha, e me volatilizei no espaço.

A ·OPÇÃO·

A fundei na Terra e fui ao mais profundo abismo que conhecia. Quando lá cheguei, um urro de dor e mágoa ecoou do interior do meu esqueleto. Era o remorso que eu colocava para fora.

Amaldiçoei a mim com todas as pragas que conhecia, e xinguei-me com todos os nomes chulos de meu vocabulário. Eu me sentia o mais vil dos vermes do mundo, não por mim, mas por vê-la chorar por uma mágoa que lhe causara há mais de duzentos anos. Então gritei:

– Eu sou o mais vil ser das Trevas! O inferno é pouco como castigo para um ser como eu!

O soluço tomou conta de meu ser.

Uma voz profunda me interrompeu:

– Por que se julga tão mau, meu filho?

Levantei a cabeça e vi um ente da Luz.

– O que você está fazendo neste abismo, Ser da Luz?

– Eu ouço o lamento daqueles que vêm aqui chorar suas dores, filho. Eu posso compreendê-lo.

– Ninguém pode compreender-me, Ser da Luz!

– Ainda digo que posso compreendê-lo, pois essa é a minha função neste abismo.

– Como pode entender ou explicar isto? Não é justo que alguém como eu possa despertar a compaixão de alguém como ela. Não, você não pode compreender isto, Ser da Luz!

– Pois eu lhe digo que, realmente, infeliz é o ser, tanto da Luz quanto das Trevas, que não tem ninguém que se lembre, chore ou sofra por ele. Quando isso acontecer, tudo estará acabado, filho. Não teríamos mais razão de existir, e a corrente que nos une uns aos outros, e todos ao divino Criador, se partiria. Isso não pode acontecer, filho. Não é permitido pelo Criador, pois ninguém se desliga do Seu rebanho. Quem está nas Trevas sempre tem alguém na Luz que se julga culpado por sua queda e tudo faz para elevá-lo; quem está na Luz sempre tem alguém nas Trevas por quem sofre por tê-lo perdido um dia. É a mãe que chora o filho, ou o filho que chora o pai ou o irmão que chora a irmã, ou a esposa que chora o marido. A disposição da teia não importa. O que importa é que a teia não deixe nenhuma ponta solta.

– Que outros chorem pelo que perderam, eu não me incomodo, Ser da Luz. Eu sofro porque outros choram por mim, sem que eu o mereça.

– Como sabe se merece ou não? Está se julgando muito mal, filho.

– É o meu modo de encarar minha tragédia, Ser da Luz. Não sinto pena de mim, mas daqueles que sofrem pelos meus erros.

– Qual é o seu símbolo, filho?

– O das três cruzes, Ser da Luz. Por quê?

– O que ele representa para você, filho?

– É o calvário, Ser da Luz.

– Pois eu digo que Alguém, muito acima de tudo o que você possa imaginar, está ouvindo o seu lamento, ainda que tenha vindo ao mais profundo dos abismos para lamentar-se. Ele sabe de sua dor, e ainda assim não tapa os ouvidos ou fecha os olhos para você, pois sabe que você também é parte d'Ele. É uma parte ferida, e é por isso que Ele também chora por você! Não é só ela que lamenta sua queda, mas, assim como ela espera um dia vê-lo na Luz, Ele espera que você use de sua dor e de seu remorso para não esquecer a sua origem. Esse é o meio que Ele usa para tornar o mais iluminado anjo ou o mais terrível demônio dependentes d'Ele. Somos todos dependentes d'Ele. É por isso que o seu símbolo tem três cruzes e não apenas uma. Nada sobrevive sozinho no Universo. Seu símbolo lhe diz isso. A mais alta das cruzes está no centro, mas tanto a da direita quanto a da esquerda estão na mesma altura e na mesma inclinação em relação a ela. A inclinação é para que as três se toquem no pé, filho.

– Mas ainda assim, sou um vil ser das Trevas.

– O que torna uma árvore forte, filho?

– Sua raiz.

– E o que leva, da terra, o alimento à árvore?

– Ainda é sua raiz, Ser da Luz.

– E o que é que capta os nutrientes da terra para que ela fique florida?

– A raiz, Ser da Luz.

– E o que é que sustenta a mesma árvore para que ela dê muitos frutos?

– Continua sendo a raiz, Ser da Luz.

– O que aconteceria se arrancássemos a árvore do solo?

– Ela secaria.

– Se quiser, posso tirá-lo das Trevas e elevá-lo até ela neste instante, filho.

– Como pode fazer isso, Ser da Luz?

– Olhe meu símbolo, filho.

E ele abriu sua veste na altura do peito: as três cruzes estavam lá. Eram douradas, e ele era só luz por baixo da veste.

– Acha que pode fazer isso, Ser da Luz?

– Sim, pois eu vim até aqui porque Ele me mandou. Ele ouviu seu lamento e não quer que sofra mais.

– Ele o enviou? – falei, espantado.

– Se eu fizer isso, ficará feliz?

– Não sei, Ser da Luz.

– Tem medo de que a árvore seque e não dê mais frutos?

– Talvez seja isso, não sei.

– Ou será que é porque terá de deixar sua Princesa para trás?

– Creio que seja isso, mas não tenho certeza.

– O que poderia oferecer a ela? Começaria a sofrer por tê-la deixado para trás, não é isso?

– Sim, Ser da Luz. Ela choraria por não poder me acompanhar, e eu gosto dela também.

– Então vamos tentar de outra forma, já que esta não é perfeita. Que tal se eu cortar a árvore?

– Quer dizer que apagaria Beatriz da minha mente e eu da dela?

— Sim, eu posso fazer isso em um instante, ou duvida, filho?

— Não do seu poder, Ser da Luz, mas a árvore secaria do ponto em que for cortada para cima. Se só a parte de baixo vivesse, quer dizer que Beatriz morreria como um ser da Luz?

— Sim, pois ficaria sem você para enviar-lhe o alimento que a torna forte para que dê bons frutos e alimente muitos.

— Seria uma grande perda, não?

— Faria mais mal a ela sendo esquecido do que lembrado. Enquanto ela souber que está aqui embaixo, irá lutar pelos que caíram. Quando isso não acontecer mais, ela não lutará com tanta tenacidade, e não dará mais frutos.

— Mas a árvore brotaria novamente, não?

— Há árvores que não brotam mais, porque são cortadas rentes ao solo. Suas raízes logo apodrecem, pois deixam de ter para onde enviar a seiva que coletam.

— Mas há as que brotam, Ser da Luz.

— Sim, é verdade. Mas muitas têm seus brotos todos retorcidos, ou tortos, isso quando não crescem rentes ao solo e não dão fruto algum. Escolha a sua árvore, filho. Aquela que escolher, será a sua árvore!

— Não quero ir para junto de Beatriz, pois amo a Princesa. Portanto, não quero que arranque a árvore. Por outro lado, não quero que corte a árvore, pois eu vi quantos frutos Beatriz deu naquela ordem e, depois, em espírito. Foram milhares e milhares. Seria egoísmo meu tirar-lhe a força que a faz lutar tanto pelos semelhantes.

— Está me propondo um terceira alternativa, mas só tenho duas a oferecer-lhe.

— Posso recusar sua oferta, Ser da Luz?

– É um direito seu, filho. Mas pense bem antes de fazer sua escolha. Eu vim para consolá-lo, não para confundi-lo.

– Você já me consolou, Ser da Luz. Eu gostaria que a árvore ficasse como está. Se foi Ele quem o enviou para me consolar, deve ter enviado alguém para enxugar o pranto dela também. E se Ele o enviou a mim, é porque não sou tão desprezível assim. Estou consolado, Ser da Luz. Gostaria apenas de ter certeza de que ela também foi consolada, e que é verdade tudo o que me disse sobre o seu poder.

– Então, olhe com atenção para o que vai ver agora, e depois volte ao seu trabalho na crosta, pois é isso que Ele espera de você, filho.

Olhei para o seu peito e as três cruzes foram crescendo, até se tornarem enormes.

Na do centro, formou-se um clarão cristalino e vi Beatriz diante de três cruzes iguais àquelas que eu via. Ela olhava para a do meio. Tenho certeza de que ela olhava para mim.

– Quem é você, Ser da Luz? – gritei.

– Sou o Símbolo Vivo, filho. Honre-o nas Trevas, que ela o honrará na Luz!

– Obrigado, Consolador. Diga a Ele que eu honrarei meu símbolo nas Trevas sem reclamar.

– Ele pede que, ainda que esteja na pior das Trevas, não O renegue ou O esqueça novamente, filho.

– Eu não O renegarei, nem O esquecerei, Ser da Luz. Novamente, obrigado!

– De nada, filho. Adeus!

– Adeus, Símbolo Vivo!

E ele desapareceu, mas o símbolo ficou ali. Nunca mais foi apagado.

Pode acreditar nisso, amigo Taluiá. Ele ainda está lá, até hoje, e eu vou, de vez em quando, até ele para ver se o Ser da Luz volta a falar comigo. Falo com o símbolo, ele nada responde, mas sei que me ouve, e isso é o suficiente para mim.

Quanto ao resto, eu tiro de letra, pois sou chamado de "Professor da Meia-Noite" por minha falange.

Eu me levantei e, limpando minha capa negra do limbo, ascendi até a crosta. Estava de volta ao campo de batalha, curado do remorso do passado.

Não tenho certeza, amigo, mas acho que o Caboclo a quem eu servia sabia do meu encontro com o Consolador, pois eu notei, naqueles dias, um ar de alegria nele. Mas, como ele nada falava, eu me calei até hoje sobre aquele encontro.

Nesse tempo, perguntei ao Caboclo como estava seu filho e soube que estava numa câmara de recuperação.

Pedi para que me levasse até lá, mas ele se negou. Lá entravam apenas os mestres da Luz que cuidavam dele. Calei-me, pois não queria lembrá-lo de sua dor. Nunca mais perguntei sobre o estado do filho. Somente trabalhava, trabalhava e trabalhava.

A GRANDE VITÓRIA

Era o ano de 1983. Recebi um convite para um encontro com Guardião dos Sete Portais das Trevas. Fui imediatamente e, quando cheguei, ele me saudou com um gesto característico.

– Salve, Guardião da Meia-Noite! Eu não esqueci sua oferta de ajuda e estou precisando dela.

– De que se trata, Guardião?

– Fui designado pela Lei para proteger um encarnado e não posso falhar, por isso quero sua ajuda na proteção dele.

– Eu o protegerei como se fosse minha responsabilidade!

– Agradeço! Não me esquecerei disso, companheiro.

Para o Guardião dos Sete Portais das Trevas, chamar alguém de companheiro deveria significar que ele tinha um bom conceito dessa pessoa. Isso me deixou feliz.

– Mas não será fácil.

– Não me preocupo com dificuldades.

– Poderá perder seu pescoço na defesa dele.

– Não me preocupo.

– Poderá ser destituído de seu posto de Guardião da Meia-Noite, se houver alguma falha.

– Serei vigilante.

–Terá de ser discreto, apesar de ser o maior em sua linha.

– Eu me anularei por completo.

– Não admitirei traição, pois quem me trai, eu degolo.

– Odeio os traidores e o senhor sabe disso.

– Terá de combater outro guardião do ponto de força da sétima linha.

– Eu me arrisco e pagarei o preço do desafio. Apenas não infringirei a Lei.

– Nem eu lhe pedirei isso.

– Então, conte comigo, Grande Guardião!

Nisso, ouvi uma grande ovação por parte de muitos guardiões de pontos de força.

– O que é isso, Grande Guardião?

– São aqueles que aceitaram minhas condições para tal empreitada. São os mais poderosos que há no serviço da lei de Umbanda. Faltam uns poucos, que não farão parte da luta.

– Quem é o protegido?

– Ninguém além de um protegido meu. E quando protejo alguém, a proteção é total. Além deles, enviarei meus melhores escravos, quando assim se fizer necessário.

E eu vi se levantarem os mais terríveis carrascos da Lei. Aquele salão se parecia com a assembleia. Havia, em seu interior, apenas guardiões da Lei de Umbanda nas Trevas. Todos tão poderosos como eu e muito temidos por sua combatividade no serviço da Lei.

O Guardião levantou-se de seu trono e volatilizou-se. Nós o seguimos. Quando chegamos ao lugar onde estava o protegido, fiquei decepcionado: não era um milionário, ou um governante, enfim, era apenas um ser comum, como bilhões de outros seres.

À sua esquerda, para protegê-lo, estavam o Sete Portas, o Tranca-Tudo e um outro que não quer ser citado, portanto acato o desejo dele de continuar incógnito.

Havia ainda dois Pretos-Velhos, que eu já conhecia há muito tempo, e mais três Caboclos também muito conhecidos. Um do mar, outro da mata e o terceiro da montanha.

O Guardião dos Sete Portais apresentou todos os seres da Luz e falou:

– Tudo o que for feito nas linhas deles, será amortecido. Se precisarem de ajuda, eles ajudarão.

O velho negro respondeu:

– Nós lhe agradecemos, Exu guardião. Quando precisarmos, nós exigiremos o cumprimento do prometido por você.

Dali, cada um voltou ao seu ponto de força.

O tempo foi passando e eu, assim como os outros, passávamos de vez em quando para ver como ia o protegido do Guardião.

Eu estava acostumado à liberdade e foi horrível ser obrigado a ficar ali, preso. Mas quem ordenara fora o próprio Senhor dos Mortos, o Senhor Obaluaiê, e quem era eu para deixar de cumprir uma ordem direta dele?

Junto comigo vieram outros sete segundos Omolu, com suas respectivas forças, todos enviados pelo guardião do ponto de força das Trevas no campo-santo ou cemitério. Pelo menos eu tinha com quem conversar nas horas de folga.

Foi nessa ocasião que reencontrei a rainha do ponto de força das Trevas no mar. Ela era calada e não ligava para nós.

Eu estava cansado da rotina e achava o médium um idiota bem-intencionado; apenas o chamava de idiota azarado.

Um dia, ela se aproximou de mim e fulminou-me com os olhos:

– Escute aqui, esqueleto imundo! Se o chamar mais um vez de idiota, eu parto os seus ossos e os dissolvo no mar!

– Ele não é, por acaso, um idiota? Não vou ficar mais tempo aqui!

Ela levantou o seu cetro e eu fui jogado ao chão. Estava sendo triturado. Minha força era nula perto da dela.

O velho negro interveio rapidamente e me salvou do aborrecimento. O poder dela igualava-se ao do grande guardião do cemitério, o poderoso Omolu.

Eu é que não sabia de nada. Havia me esquecido de que ela era a guardiã do ponto de força das Trevas no mar. No mesmo instante, descobri tudo. Nós estávamos guardando o Cavaleiro da Estrela da Guia que havia sentido, no espírito, o poder do Príncipe das Trevas.

Levantei-me e falei:

– Desculpe-me, Rainha. Não sabia que era o...

Fui interrompido pela voz do velho negro:

– Não fale, Guardião!

– Eu só queria...

– Não fale! É uma ordem!

– Eu não pensava que...

– Não pense também! Se não pensou quando podia, agora está proibido de pensar! Não pense e não fale! O ar ouve tudo e será muito ruim se o seu pensamento for ouvido!

– Não pensarei, chefe, nem falarei mais nada. Só peço desculpas pelas minhas palavras, Rainha. Espero que aceite.

– Aceito, Guardião. Mas fica um aviso: se houver traição, o culpado pagará com a própria existência!

Não mais o chamei de idiota azarado.

Vigiava meus pensamentos ao extremo. Além do mais, também me escoltei com os meus mais leais e poderosos auxiliares. Toda cautela era pouca. Aprendi a dormir com um olho aberto, como havia dito, há muito tempo, o Grande Guardião.

As encrencas começaram a acontecer algum tempo depois, e os choques vinham de todos os lados.

O "idiota" começou a crescer rapidamente. Foi sendo despertado pelos Caboclos e pelo velho negro. Nós, à esquerda, não pensávamos nem falávamos.

Quando chegou a hora certa, entramos no campo da magia pura. Os elementos foram conquistados. Os reinos elementares conheciam o antigo mago e responderam com todos os seus poderes.

Os inimigos começaram a cair, um a um. Legiões inteiras de seres da Trevas desapareciam no mundo subterrâneo para sempre.

As seis obrigações haviam se completado. Faltava apenas a sétima, que era a mais difícil de todas. Era o chamado do ancestral místico à sua emanação. O "idiota" já não era um idiota, mas um poderoso mago, que começava a ser despertado pelos mestres do saber da Luz Divina.

Eu assistia a tudo calado, mas sabia que o confronto final iria acontecer.

Os mestres do Grande Oriente começavam a chegar. A vigilância da Luz era implacável. Não lhe davam um dia sequer de descanso, mas ele de nada desconfiava e até se revoltava com o excesso de deveres. Ofendeu-nos várias vezes com sua revolta, mas o Cavaleiro puxava o bridão e o cavalo se tornava dócil. Estava indeciso quanto à sétima obrigação. Seria o fim do livre-arbítrio. Os magos apertavam as cravelhas. Ele tinha de decidir-se. Por fim, tomou a decisão: o ancestral místico assumia sua luta e defesa.

Todas as forças estavam à disposição. Era só ir lá e levantá-las.

Nova indecisão, pois a primeira implicava unir dois extremos, o da Luz e o das Trevas. Somente assim poderia lutar de igual para igual com o Príncipe das Trevas.

Ele não sabia que a luta já havia começado, nem que estava lutando. De um lado estava o Grande Oriente e, do outro, o Príncipe das Trevas querendo levar novamente o Cavaleiro da Estrela da Guia.

Nós, à esquerda, nos tornamos cruéis: todos que ultrapassavam certa distância eram destruídos.

O Grande Rei capitulou quando viu que ia cair também e aceitou o armistício, pois já havia perdido seus melhores auxiliares. Lúcifer ainda insistia na luta, mas também sofria golpes profundos.

O Príncipe das Trevas estava desesperado. Desferia golpes formidáveis e, ainda assim, o Cavaleiro cavalgava.

Os cristais foram abertos ao mago, o Tempo também, e a luta se equilibrou um pouco.

O Príncipe recuou suas hostes e o Cavaleiro pôde respirar um pouco. Quando o Grande Oriente soube dos planos do Príncipe, preparou-se para nova investida. Mas, desta vez, seria pior.

Alguns, tanto da Luz como das Trevas, foram afastados, pois corriam perigo.

Outros vieram pela direita, e a esquerda foi assumida pelo próprio Guardião dos Sete Portais das Trevas, e eu perguntei a ele o porquê de se expor:

– Eu corro o risco, companheiro. Se ele cair, não resistirá à nova prova diante do Príncipe das Trevas e se perderá para todo o sempre.

– Mas você corre o risco de cair com ele.

– Se ele cair, vou junto na queda. Não me interessa ficar nos Sete Portais das Trevas, se a minha parte na Luz não existe.

– Essa eu não entendi.

– Nem eu vou lhe explicar o que significa.

A Rainha também se pronunciou.

– Caio junto, se o meu Cavaleiro cair. Também não quero ficar só no meu ponto de força.

Até o gênio do oráculo se manifestou.

– Eu vejo a vitória, se souberem lutar. Eu os ajudarei, pois ele é o guardião do meu ponto de força. Eu nunca abandono um dos meus. O seu ancestral místico o conduziu por este caminho, mas não quer perdê-lo para as Trevas. Eu assumirei a sua mente e o guiarei à vitória.

– Mas sua vitória tirará uma guardiã de um dos pontos de força.

– Eu sou o gênio do oráculo, ou já se esqueceram disso? Eu vejo o passado, o presente e o futuro. De tudo eu já sabia. Já tenho uma outra guardiã que assumirá o meu ponto de força no mar.

Um plano foi traçado, pois logo o combate final começaria.

Só o mago não sabia de nada, e isso complicava um pouco as coisas.

Logo o choque terrível começou. O ancestral místico envolveu por inteiro o mago e o conduziu duramente. Era o cavalo sendo puxado pelo freio, envolvido pelo ancestral místico, que fazia tudo o que era preciso.

O Grande Rei pediu paz e ofereceu ajuda. Era o ancestral místico enviando forças ao mago.

Um a um, os recalcitrantes foram sendo dobrados pelo Grande Oriente.

O mago buscou os guardiões dos mistérios, tanto da Luz como das Trevas. Nenhum negou ajuda. Ele não sabia de nada, mas eles o reconheciam, na carne, como um dos seus melhores servidores.

E o choque começou.

Cada um conhecia agora o outro lado e quais eram os amigos e inimigos.

A cada derrota de um servidor do Príncipe das Trevas, milhares de almas eram libertadas e acolhidas pelos mestres da Luz.

O porta-estandarte já não vencia marcar o nome dos libertos das Trevas pelo mago cego. Escreveram-se tantos livros com aqueles nomes que o Grande Oriente tem uma estante somente para eles.

O mago assumiu seu nome de Cavaleiro da Estrela da Guia. Até esse dia, os servos do Príncipe somente o vigiavam. Nem isso passou despercebido.

Quando a luta estava no auge, o mago perdeu o seu templo. Houve deserções, à esquerda e à direita. Muitos achavam que ele iria perder a luta e saíram em disparada.

O mago ficou só em sua luta, o Grande Oriente lhe deu poderes maiores ainda e a guerra recomeçou.

Os terríveis cavaleiros das Trevas foram colocados à disposição do mago e degolaram falanges inteiras de servos do Príncipe.

Após um breve período, o mago reabriu o templo e o Príncipe levantou o que havia de pior nas Trevas e lançou contra ele. O mago foi obrigado a fechá-lo novamente.

O Príncipe sabia como atacar, mas já estava se expondo demais. Estava sendo atraído para uma cilada e não sabia.

Esse tinha sido o plano: o mago se recolheria para a defesa. O Príncipe pensaria que havia ganho e sairia em campo para buscar a alma do Cavaleiro. Falhou com sua estratégia, pois foi enganado pela vitória aparente.

Finalmente, houve o confronto entre o Cavaleiro e o Príncipe das Trevas.

O Príncipe das Trevas foi subjugado pelo ancestral místico e recebeu a marca do símbolo do Cavaleiro: a estrela e as três cruzes.

Foi obrigado a retirar-se da luta e a esquecer para sempre o Cavaleiro.

Eu e os que participaram da luta toda, sem arredar os pés, sentimos o sabor da vitória de todos.

Afinal, um dia o Cavaleiro descera até nós para nos encaminhar ao serviço da Lei de Umbanda e não o deixaríamos sozinho na hora em que mais precisava.

Todos nós ganhamos estrelas em nossos símbolos. Foi um presente do ancestral místico do Cavaleiro aos que não se acovardaram.

Essa estrela nos tornou poderosos; porém, aqueles que fugiram na pior hora da luta estão até hoje com a sensação de terem sido derrotados. Isso podemos ver nos seus olhos.

É uma pena que tenham ficado com medo de cair, pois perderam a oportunidade de subir um pouco.

Nós, os da esquerda, voltamos à paz. Ainda comentei com os outros que foram mais ativos na luta:

– Quem disse que nunca acontecia nada, tanto na Luz como nas Trevas?

– Fui eu! – disse o Guardião dos Caminhos.

– O que me diz de tudo o que houve?

– Apenas um pequeno alvoroço!

– Ainda diz que foi somente um pequeno alvoroço, quando nossos pescoços estavam sob uma guilhotina?

– Sim, isso só serviu para que afiássemos nossas armas, cortássemos alguns canalhas e mostrássemos quem somos realmente. Hoje eles sabem que nas Trevas não há amor, mas ódio. Não há humildade, mas soberba. Não há compaixão, mas somente vingança pura. Quem quiser amor, humildade e compaixão, que vá viver na Luz. Aqui impera a lei dos mais fortes e mais espertos. Não é a própria Lei que diz que quem deve, paga, e quem merece, recebe?

– Sim, a Lei diz isso mesmo!

– Então, vamos esperar que a Lei nos diga quando merecermos outro combate desses. Isto aqui já está monótono de novo, pois nada muda nas Trevas!

– Espero que seja daqui a sete mil anos, seu filho de uma rameira!

Ele nada disse e caiu na gargalhada.

– Mas, por que você me contou tudo isso, companheiro da meia-noite? – perguntei. – E por que estava feliz quando chegou?

– É que fui convidado a mudar de lado algum tempo atrás. Tentei adaptar-me à Luz, mas não deu certo. Cheguei à conclusão de que nada muda mesmo. Assim como nas Trevas existem aqueles que querem subir e aqueles que querem descer, na Luz também existem!

– E o que tem isso demais?

– Apenas que, na Luz, temos de tentar impedir os que querem descer e ajudar os que querem subir.

– Certo, mas ainda não entendi o de está tentando dizer.

– O que estou dizendo é que, se na Luz existem tantos que querem descer, eu volto para as Trevas para ajudá-los na sua chegada.

– Vai tentar mostrar que estão errados?

– Sim!

– Mas como, se não terá luz para iluminá-los?

– Posso não ter luz para mostra-lhes que estão errados, mas tenho um chicote novo e uma espada nova, com uma estrela no cabo, uma grande capa negra, para ocultar meu esqueleto, e um enorme tridente pontudo, para lembrá-los de que nas Trevas não há perdão, só castigo. Há, há, há!...

Ele saiu gargalhando alto.

Eu fiquei a meditar sobre sua história.

Leitura Recomendada

O Cavaleiro da Estrela Guia
A Saga Completa
Rubens Saraceni

Neste livro, é narrada a saga completa de Simas de Almoeda, ou o Cavaleiro da Estrela Guia, homem perseguido por uma terrível história e por um implacável sentimento de culpa, apesar de suas ações e realiza-ções maravilhosas. Por meio do desenrolar dessa narrativa, vários ensi-namentos a respeito da realidade do "outro lado da vida" são revelados, dando ao leitor a exata dimensão dos atos humanos, co-locando-o diante de situações que expressam os conflitos do homem do novo milênio, tais como religião, fé, riqueza, poder, alma.

Orixá Pombagira
Fundamentação do Mistério na Umbanda
Rubens Saraceni

Mais um mistério é desvendado: o da Pombagira, Orixá feminino cultuado na Umbanda. Por muitos anos, ela foi estigmatizada sob o arquétipo da "moça da rua", o que gerou vários equívocos e, por que não dizer, muita confusão, pois diversas pessoas já recorreram a ela para resolver questões do amor, ou melhor, para fazer "amarrações amorosas" à custa de qualquer sacrifício.

Rituais Umbandistas
Oferendas, Firmezas e Assentamentos
Rubens Saraceni

Nesta obra, Rubens Saraceni discorre a respeito de oferendas, firmezas e assentamentos realizados na Umbanda. Assentamento é o local onde são colocados alguns elementos com poderes magísticos, com a finalidade de criar um ponto de proteção, defesa, descarrego e irradiação. Pode ser destinado a uma só força ou poder, ou a várias. A entidade assentada, seja Orixá ou guia espiritual, utiliza esses elementos ativando-os segundo as necessidades do terreiro, do trabalho espiritual ou dos médiuns.

MADRAS Editora
CADASTRO/MALA DIRETA

Envie este cadastro preenchido e passará a receber informações dos nossos lançamentos, nas áreas que determinar.

Nome _____
RG _____ CPF _____
Endereço Residencial _____
Bairro _____ Cidade _____ Estado ____
CEP _____ Fone _____
E-mail _____
Sexo ❏ Fem. ❏ Masc.   Nascimento _____
Profissão _____ Escolaridade (Nível/Curso) _____

Você compra livros:
❏ livrarias   ❏ feiras   ❏ telefone   ❏ Sedex livro (reembolso postal mais rápido)
❏ outros: _____

Quais os tipos de literatura que você lê:
❏ Jurídicos   ❏ Pedagogia   ❏ Business   ❏ Romances/espíritas
❏ Esoterismo ❏ Psicologia ❏ Saúde   ❏ Espíritas/doutrinas
❏ Bruxaria   ❏ Autoajuda   ❏ Maçonaria ❏ Outros:

Qual a sua opinião a respeito desta obra? _____
_____

Indique amigos que gostariam de receber MALA DIRETA:
Nome _____
Endereço Residencial _____
Bairro _____ Cidade _____ CEP _____

Nome do livro adquirido: **_O Guardião da Meia-Noite_**

Para receber catálogos, lista de preços e outras informações, escreva para:

MADRAS EDITORA LTDA.
Rua Paulo Gonçalves, 88 – Santana – 02403-020 – São Paulo/SP
Caixa Postal 12183 – CEP 02013-970 – SP
Tel.: (11) 2281-5555 – Fax.:(11) 2959-3090
www.madras.com.br

MADRAS® Editora

Para mais informações sobre a Madras Editora,
sua história no mercado editorial
e seu catálogo de títulos publicados:

Entre e cadastre-se no site:

www.madras.com.br

Para mensagens, parcerias, sugestões e dúvidas, mande-nos um e-mail:

marketing@madras.com.br

SAIBA MAIS

Saiba mais sobre nossos lançamentos,
autores e eventos seguindo-nos no facebook e twitter:

@madrased

/madraseditora